宁波社科咨政报告

2021

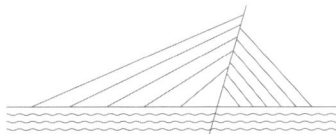

POLICY ADVISORY
REPORT ON NINGBO SOCIAL
SCIENCES 2021

傅　晓◎主编

ZHEJIANG UNIVERSITY PRESS
浙江大学出版社
·杭州·

图书在版编目（CIP）数据

宁波社科咨政报告. 2021 / 傅晓主编. -- 杭州 ：
浙江大学出版社，2022.12
　　ISBN 978-7-308-23264-7

　　Ⅰ．①宁… Ⅱ．①傅… Ⅲ．①社会科学－研究报告－
宁波－2021 Ⅳ．①C125.53

中国版本图书馆CIP数据核字(2022)第213486号

宁波社科咨政报告2021

NINGBO SHEKE ZIZHENG BAOGAO 2021

傅　晓　主编

策划编辑	吴伟伟
责任编辑	陈　翩
责任校对	丁沛岚
责任印制	范洪法
封面设计	雷建军
出版发行	浙江大学出版社
	（杭州市天目山路148号　　邮政编码　310007）
	（网址：http://www.zjupress.com）
排　　版	杭州林智广告有限公司
印　　刷	杭州高腾印务有限公司
开　　本	710mm×1000mm　1/16
印　　张	15.75
字　　数	230千
版 印 次	2022年12月第1版　2022年12月第1次印刷
书　　号	ISBN 978-7-308-23264-7
定　　价	68.00元

浙江大学出版社市场运营中心联系方式：0571-88925591；http://zjdxcbs.tmall.com

序　言

　　2021 年是党和国家发展历史上浓墨重彩的一年，中国共产党迎来百年华诞，我国全面建成小康社会，全面总结党的百年奋斗重大成就和历史经验，书写全面开启社会主义现代化建设的崭新篇章，中华民族进入向第二个百年奋斗目标迈进的新征程。

　　在党中央的坚强领导下，宁波市以习近平新时代中国特色社会主义思想铸魂领航，坚决贯彻落实省委的决策部署，认真落实"八八战略"，全面担当起锻造硬核力量、建设重要窗口、唱好"双城记"、建好示范区、当好模范生、高质量发展建设共同富裕先行市的重大使命，统筹经济发展和疫情防控，谋划并推动现代化滨海大都市建设，成效明显、成绩突出，实现了"十四五"的良好开局。市社科院（市社科联）党组按照市委、市政府的重大战略部署，强化使命担当，努力争先进位，以最快响应和最快动作组织全市社科界专家学者，紧紧围绕现代化滨海大都市的谋划和建设，针对全市经济社会各领域的急难重大问题，突出疫情防控和经济发展的统筹、产业转型升级和现代化产业体系的构建、港口和对外开放优势的发挥、开发区的整合和提升、新时代文化高地的打造、数字化改革、基层社会治理等，加大研究力度，推出高质量的研究成果。全年共报送《社科成果专报》49 期，获市委、市政府领导批示 47 件次，其中省部级领导批示 28 件次。

　　《社科成果专报》是全市社科工作者勇担新阶段宁波发展新使命的实际行动，是投身现代化滨海大都市建设的成果体现。依据问题导向和实践价值的主要标准，现将 2021 年度宁波《社科成果专报》中的部分优秀研究成果编辑成册，形成《宁波社科咨政报告 2021》，广泛求教于社会各界。当前全国上下正在认真学习党的二十大精神，为实现中华民族伟大复兴的中国梦而努力奋斗，希望全市社科工作者深入学习领悟党的二十大精神，全面贯彻习近平新时代中国特色社会主义思想，按照浙江省第十五次党代会和宁波市第十四次党代会的决策部署，继续保持昂扬姿态，奋发有为、主动作为，为宁波加快建设现代化滨海大都市、建设中国式现代化的市域样板贡献更多智慧和力量。

宁波市社科院（市社科联）党组书记、院长、主席　傅　晓

2022 年 12 月

目录

加强宁波市高校大学生党史
学习教育的对策建议

中共中央决定在全党开展党史学习教育，激励全党不忘初心、牢记使命。浙江省委、宁波市委提出，开展党史学习教育要守住"红色根脉"、奋力争先创优。大学生是建设社会主义现代化国家的栋梁之才，是党的可靠后备军，高校要发挥党史学习教育的主阵地作用，以史铸魂育人。加强宁波市高校大学生党史学习教育，要针对存在的问题与难点，多方联动、多措并举，创新形式、力求实效，使高校党史学习教育走深走实，促使宁波市高校大学生脚踏一方热土，传承红色基因，坚定信仰信念，践行初心使命。

一、宁波市高校开展党史学习教育的优势分析

（一）宁波市具有党史学习教育资源优势

宁波具有光荣的革命传统，全市共有红色革命遗址 426 个，居全省第一。大革命时期，宁波党员占全国党员总数的 2%；土地革命战争时期，宁波地方党组织积极组建红军部队，创建了全省第一个苏维埃政权；抗日战争时期，宁波创建了全国 19 个解放区之一的浙东抗日根据地；全面内战爆发后，宁波成为南方七大游击战争根据地之一的浙东、南部游击根据地的重要组成部分。同时，宁波市拥有改革开放以来的生动实践成果。活化宁波市党史学习教育的独特鲜活资源，有助于提高高校党史学习教育的针对性、感染力和实效性，引导大学生发扬光荣传统和优良作风。

（二）宁波市具有"三全育人"阵地优势

在甬高校有 16 所，大学生总人数达到 16.8 万人。近年来，宁波市高校守好"主阵地"，种好"责任田"，打好"持久战"。6 所在甬高校被确立为浙江省"三全育人"综合改革重点支持高校，打造成全省的样本，起到标杆和引领作用。党史学习教育融入高校育人全过程，有助于高校弘扬新宁波精神，引导大学生树立正确党史观，坚定理想信念，成为堪担民族复兴大任的时代新人。

（三）宁波市具有党建基础优势

近年来，宁波市高校加强党的全面领导，充分发挥党组织的政治核心作用和广大党员的先锋模范作用。全市高校学生党员（含预备党员）达到 11600 人，其中预备党员 6200 人。党建优势是高标准、高质量开展党史学习教育的有力保障，有助于组织引导好大学生增强学习自觉，知史爱党、知史爱国，践行初心使命，走好新时代的长征路。

二、当前宁波市高校大学生党史学习教育存在的问题

（一）思政课程对党史学习教育重视不足

目前，全市高校共有专职思政课教师 409 人，按照 1∶350 的配套要求，还有不小缺口。同时，宁波市高校党史学习教育大都放在思想政治理论课程中，没有专门开设中共党史课程，仅有极少量的选修课程。据调研，部分思政科目期末考试采取开卷考试形式，教育效果欠佳。部分高校还存在不重视党史学习教育宣传氛围的现象，缺少一些诸如"党史风采""党史文化墙"等主题的宣传展板，没有把党史学习教育当作思想政治教育的突出工作来抓。

（二）大学生对党史学习教育缺乏积极性

现阶段，宁波市高校大学生以"95"后"00"后为主体，他们成长在 21 世纪，物质生活条件优越，对中共党史的具体内容没有代入感。部分学生沉溺于娱乐八卦、游戏等，没有积极主动学习党史的自觉性。这些都直接影响党史学习教育的效果，不利于大学生正确价值观的形成，也不利于为社会主义现代化国家培养出合格的建设者和接班人。

（三）党史学习教育方式方法创新不够

目前，大学生接受党史学习教育的主要途径就是课堂。大多数课堂依然采用传统的教育方式即"满堂灌"形式，很少有课堂能带领大学生"走出去"，实

施现场教学，更不要说将老红军、老党员"请进来"了。高校校园内的文字、图片、视频、音频中的红色传统及党史元素的挖掘呈现力度不够，党史学习教育品牌活动、党史学习教育榜样示范的数量都不足，活动开展方式也较为雷同。

三、加强宁波市高校大学生党史学习教育的建议

（一）立足思政课堂，打造党史"金课"

一是党史学习教育课程化。把党史学习教育融入思政课，各类思政讲座讲坛开设党史专题，开展专题研讨、现场教学、研学实践，也可采用学生喜闻乐见的演讲赛、辩论赛、小组赛、讨论会、成果展示等形式，并将"宁波党史"作为选择性必修课内容。

二是党史学习教育制度化。建立健全高校党史学习教育组织领导制度、党史学习教育与师德师风建设协同推进制度，党史学习教育作为高校基层党团组织生活会、主题党团日活动的重要内容等制度。

三是党史课程多样化。组建党史学习教育"大学生讲师团"，建立"学史力行"志愿服务体系。结合学生的专业，运用文学、戏剧、音乐、舞蹈、绘画、短视频等多种形式讲好党史故事，让每个大学生都能发挥专业特长来学党史、说党史、播党史、画党史、演党史、唱党史。

（二）强化师资力量，提升教育实效

一是提升师资能力。建议高校与党校、相关学会研究会共建"党史课堂"，实行传帮带、集体备课等制度，帮助老师紧跟时代热点、精心设计教学内容，为党史学习教育注入时代特色。

二是柔性引进师资。邀请革命军人、红色后代、烈士家属做专题报告会，让革命军人讲述党的历史，让学生近距离接触战斗英雄。实行思政课教师挂职锻炼制度，定期安排一定比例的师资到相关部门、党史学习教育基地挂职锻炼。

三是建立培训体系。将大学生党史学习教育列入组织部门和教育部门的专项培训、轮训计划，组织宁波市高校思政课教师定期到党校、实践基地等

地进行理论学习、实践研修，培育一支政治强、情怀深、思维新、视野广、自律严、人格正的思政师资队伍。

（三）整合红色资源，完善教育平台

一是共建党史学习教育实践育人基地。整合革命烈士纪念馆、爱国主义教育基地等各方资源，协同共建党史学习教育实践育人基地，搭建大学生党史学习教育实践平台。

二是设计红色资源文化路线。整合放大宁波市红色文化的资源优势，设计红色文化线路、打造红色基地、做优红色旅游，让红色记忆有处可寻。发掘红色文物的表达方法、产品形态，打造经典文创 IP。建设宁波革命历史博物馆，鉴于已有的烈士纪念馆在分布上呈点状、在主题上体现阶段性的历史，围绕宁波百年党史，应打造一座系统呈现的博物馆。

三是组织红色文艺进校园。组织宁波市红色经典剧目、"鄞铃"文艺微党课等进高校，在艺术熏陶中让红色文化在大学生心中生根发芽。

（四）利用数字手段，增强学习感召

一是充分利用媒体。通过校园电视台、电台、报纸、微信公众号、微博、抖音等媒体平台开展立体生动的党史全媒体传播，让党史知识直抵人心，激发学生的创作热情，让大学生对党史有更深的理解和领悟。

二是丰富线上资源。创作一批内容鲜活、形式新颖的理论宣讲视频以及红色文艺微视频、网上微课，开展云端党史学习教育，生动再现共产党人的感人事迹和崇高精神。

三是探索数字教学。支持高校建设融合虚拟仿真技术、全息影像技术的现代融媒体红色革命体验馆，通过营造沉浸式体验场景提高大学生的党史学习教育效果。鼓励高校开发党史学习教育方面的趣味 App，并在高校之间实现资源共享。

宁波城市职业技术学院　刘　玲

关于推动宁波市文化产业数字化改革
打造数字文化产业高地的对策建议

浙江省委、宁波市委全会都明确提出，实施文化产业数字化战略，大力发展数字文化产业，抢占数字文化产业制高点。推进数字文化产业高质量发展是培育数字经济发展新动能的重要举措，是深化文化领域供给侧结构性改革的重要抓手。近年来，宁波在数字赋能公共文化服务、发展数字内容产业等方面取得了一定的成效，但对比广州、深圳、杭州等先进城市，亟待在打造一流工业数字化设计中心、建立健全新型文化业态培育机制、提升数字创意融合发展水平、构建数字技术创新应用体系、优化数字文化产业生态等方面加大改革力度，力争打造区域性数字文化产业发展高地。

一、宁波推进文化产业数字化改革的做法成效

近年来，宁波深入贯彻落实中央、省、市关于文化领域改革的决策部署，坚持以数字化改革撬动文化产业各领域各方面改革，围绕抢占数字文化产业制高点的战略目标，在公共文化服务、数字内容产业发展、文化产业融合、体制机制创新等领域推出了一系列的改革举措，积极推动文化产业高质量发展。

（一）以技术应用为手段，数字赋能公共文化服务

一是打造公共文化服务数字化平台。2015 年，上线运行全市首个提供数字图书馆、数字博物馆、数字展览馆等"一站式"公共文化服务的综合平台——"文化宁波"。积极构建公共文化数字化服务体系，海曙区"书香海曙"特色体系建设、鄞州区数字文化馆总分馆体系建设、镇海区公共文化场馆高效能低成本运行模式等成为全省公共文化服务体系典型示范。

二是积极推进"互联网＋全民艺术普及"。上线运行集文艺培训、艺术鉴赏、文艺活动信息发布、文化场馆预约、在线学习、演出预约等功能模块于一体的"一人一艺"云平台，统筹推动"一人一艺"云平台、文化馆官网和各县（市、区）文化馆网站建设，搭建覆盖全市的一站式综合性服务网站。截至 2020 年底，全市共有"一人一艺"社会联盟 151 家、空间联盟 36 家、艺术普及点 35 个，全民艺术普及综合参与率达 82.9%。

三是加快推进智慧广电建设。打造融媒体云平台，形成指挥策划、新闻采集、编辑分发、技术研发、产品运营"五大中心"，积极探索"5G+智慧广电网络"的深度融合，建设宁波智慧广电社区大脑，在海曙区、江北区试点推进智慧广电未来社区应用场景。

（二）以品牌创建为抓手，大力发展数字内容产业

一是推进数字影视产业发展。构建形成了以象山影视城为主体，宁波国家广告产业园、民和文化产业园、博地影秀城、启运86微电影产业园、爱博特影视产业园为支撑的"一主多副"数字影视产业空间布局。其中，象山影视城全方位打造中国首个"5G+影视数字制作基地"。基本构建形成覆盖影视拍摄、制作、出品、交易等全环节的影视产业体系。2020年，全市影视产业总收入约500亿元。

二是推进数字阅读产业发展。推动喜马拉雅、超星数字图书馆等龙头企业以及移动、联通、电信三大运营商布局数字阅读产业，推进宁波图书馆、天一阁博物馆、宁波出版社等传统文化单位数字化转型，打造了"书香甬图""超星阅读本"等一批数字阅读应用场景。入选"2018年度十佳数字阅读城市"，居第5位。

三是推进数字音乐产业发展。持续完善产业空间布局，初步形成了以宁波音乐港为核心的"一核六区多点辐射"的格局；健全企业培育机制，涌现了海伦钢琴、大丰实业、音王集团、韵升集团等13家数字音乐制作及数字作品创作等领域的龙头企业。

（三）以示范创建为引领，积极构建数字应用场景

一是大力推进数字文化消费。以国家文化消费试点城市建设为契机，积极培育直播带货、线上线下融合（O2O）、电子商务等基于网络数字技术的新型文化消费模式。如新冠肺炎疫情期间，与支付宝、银联等建立战略合作机制，采取"线上领券＋线下消费"模式，2020年市、区两级累计安排近2亿元

资金用于发放文旅专用消费券，推动文旅消费市场的快速复苏。

二是积极探索数字文化金融。以国家文化和金融合作示范区建设为契机，利用大数据、人工智能等金融科技手段，创新设计文化企业针对性金融产品，推广股权、著作权、商标权、景区经营权、应收账款等新型质押融资业务，丰富文旅企业增信、融资数字化场景，稳步提高信用贷款和线上融资的比例。

三是积极探索数字文旅应用场景。在2016年智慧旅游综合平台的基础上，构建形成以旅游大数据中心为核心，以数字旅游管理、数字旅游服务、数字旅游营销等为支撑的"一中心三体系"数字旅游体系，推出了旅游信息数据智能传感控制、70家景区实时监控、景区电子智能管理、民宿房态管理、"浙里办"文化旅游专区、自媒体营销等一系列的数字化应用场景。

（四）以机制创新为动力，持续优化产业发展环境

一是扶持政策体系不断完善。先后制定出台《关于推进文化产业加快发展的若干意见》《宁波市级文化创意产业园区认定及管理办法》等相关政策文件，"十三五"期间累计安排文化产业发展专项资金9.2亿元。

二是金融服务体系不断完善。成立农行宁波文创支行，组建文创小贷公司；建立全市文化产业信贷风险池制度，累计发放贷款1.83亿元；建立全市股权交易中心"文化创意板"，挂牌企业达181家；组建宁波文旅产业基金，总规模达20亿元。

三是企业培育机制不断完善。建立健全重点文化企业、单项冠军文化企业培育机制，截至2020年底，全市共有省级以上文化企业26家（含国家级企业10家），主板和新三板上市文化企业42家（含主板上市企业9家），文化领域单项冠军企业（含培育）19家。

虽然全市文化产业数字化改革取得了一定成效，但总体来看，文化产业数字化发展仍处于起步阶段，产业"小散弱"的现象较为突出，与杭州、广州等数字文化强市相比，还存在不小的差距。主要表现在以下几个方面：①产业规模较小。按全市统计口径，2020年全市文创产业增加值为987.75亿元，其

中规上为 708.52 亿元。按全省统计口径，2020 年全市规上文特产业（文化及相关特色产业）增加值为 390.67 亿元，其中规上内容创作生产领域增加值仅 34.7 亿元，数字内容产业更是短板产业，而同期杭州市文化产业增加值达到 2285 亿元。②空间布局较散。高能级、大规模和特色化的平台较为缺乏，省重点文化产业园区仅 7 家，市级各类文化产业园 62 家，实现总产值约 300 亿元。而杭州的之江文化产业带已有重点项目 71 个，涉及投资金额 1185 亿元。③企业主体较弱。截至 2020 年底，全市文化产业企业 25106 家，其中规上文特产业企业 1165 家，占比 4.6%，而营业收入超过 10 亿元的仅有 29 家。

二、相关城市文化产业数字化改革的做法经验

广州、深圳、杭州等国内先行城市坚持以问题和目标为导向，结合自身实际，积极推进文化产业数字化改革。它们探索形成的一些先进经验和做法，为宁波推进文化产业高质量发展提供了有益的借鉴。

（一）将提升数字内容品质作为文化产业数字化改革的核心动能

如杭州市加快推动全国数字内容产业中心建设，全力构筑以之江文化产业带为主轴，以数字文化产业基地、影视产业基地、艺术创作产业基地、动漫游戏产业基地为支撑的"一带四基地"数字内容产业平台体系；积极推进数字内容孵化，构建以数字娱乐、数字阅读、数字游戏、在线教育等为代表的数字内容产业体系。再如，广州市提出打造全国数字文化产业新高地，大力发展数字互动娱乐、数字视听、网络文学、网络影视、网络出版、数字音乐等以数字内容为核心的相关产业。

（二）将引培数字文化企业作为文化产业数字化改革的重要抓手

如广州市建立枢纽型、骨干型、高成长型数字文化企业分类培育机制，针对不同类型企业制定相应的扶持政策。再如，杭州市聚焦影视、动漫、游

戏、网络文学等数字内容产业重点行业，紧盯细分领域的总部企业、领军企业、"独角兽"企业，持续完善与国内外知名数字文化企业合作机制，创新实施"靶向招引"等引培机制，加快引进优质原创 IP 资源，不断提升项目质量。截至 2020 年底，杭州市文创类上市企业累计超过 30 家，全市新三板挂牌文创企业累计超过 100 家。宋城演艺、华策影视等企业连续多年入选"全国文化企业 30 强"。

（三）将催生新型文化业态作为文化产业数字化改革的重要手段

如杭州市支持文化产业利用互联网、大数据等新技术加快数字化转型，催生文化直播、电商直销、IP 授权转化、线上办展等新型文化业态，培育了微拍堂等一批国内知名"独角兽"数字文化企业。再如，深圳市凭借创意设计和科技创新两大核心优势，依托广东国家数字出版基地（深圳园区）、深圳国际版权交易中心等一批国家级文化产业发展平台，以及中央批准的唯一国家级、国际性的文化产业博览会，不断催生新型文化业态。

（四）将创新数字应用场景作为文化产业数字化改革的重要突破

如广州市聚焦文化服务、数字创意等领域，创新艺术博物馆智能化建设、AI 数字人、HERO 虚实结合开放平台等一系列优质数字文化应用场景。再如，杭州市以"城市大脑"为载体，聚焦景区入园、酒店入住、游览转场等游客排队等候最多的场景，全面上线"10 秒找空房""20 秒景区入园""30 秒酒店入住""数字旅游专线""杭州旅游卡""跟着城市大脑游杭州"等六大数字文旅应用场景，成为杭州打造"国际重要的旅游休闲中心"和"东方文化国际交流重要城市"的新探索。

三、宁波加快文化产业数字化改革的对策建议

（一）打造一流工业数字化设计中心

一是加快引培国内外知名工业设计机构。研究出台工业数字化设计行动计划和配套政策，鼓励国内外知名工业设计企业、工业信息企业等落户宁波。积极创建一批省级、国家级工业设计中心和研究院。大力提升工业产品设计、视觉传达设计、流行时尚设计等重点领域的数字化设计水平。

二是构建工业设计基础数据体系。聚焦 CMF（色彩、材料、工艺）数据库、产品图谱库、设计项目案例库、生活方式数据库等基础信息资源，探索推进工业设计数据资源中心建设，推动数据共建共享。支持软件企业针对工业设计基础研究开发一批先进适用的设计工具。

三是深化工业设计体制机制改革。建立健全工业数字化设计研究、制造企业设计需求发布、制造企业深度融合、设计成果发布交易、设计成果转化等体制机制。探索建立与德国红点奖、德国 IF 奖、美国 IDEA 设计奖、日本 G-Mark 奖等国际顶级工业设计奖项的合作机制，完善"宁波创新设计周"等活动筹办机制。

（二）建立健全新型文化业态培育机制

一是完善原创 IP 培育机制。鼓励基于中华优秀传统文化的创新创作，推动实施"文化宁波"原创精品扶持工程，丰富优质 IP 资源。支持举办影视、动漫、演艺等领域的优质 IP 评选活动，建设市级优质 IP 项目库，培育一批原创品牌项目、团队和企业。鼓励龙头企业建设 IP 授权中心，打造版权交易平台和全国领先的版权运营中心。

二是推动在线直播和短视频优质发展。推动建设一批集内容制作、视频技术、直播场景于一体的高水平直播、短视频基地，吸引国内外优质视频制作企业、直播平台、直播机构、MCN 机构、直播经纪企业集聚。重点扶持宁波（前洋）直播中心、"集盒牛油果青年"等一批具有示范带动作用的优质直

播基地和直播人才培训孵化基地。

三是扩大数字创意新消费。创新网络视频、音乐、文学阅读、动漫等数字内容付费模式，将广泛用户基础转换为有效消费需求。大力发展可穿戴设备、交互式智能视听设备、数字媒体等新兴数字创意消费品。支持建设高品质沉浸式产品体验展示中心，提供超高清直播、VR旅游、AR广告、数字博物馆等多元化数字创意消费体验。

（三）提升数字创意融合发展水平

一是深化数字创意与生产制造融合发展。积极发展基于精品IP形象授权的品牌塑造和衍生品制造，鼓励开发电影音像制品、图书、服装、玩具、日用品等授权商品。

二是深化数字创意与文化教育融合发展。支持文化场馆、文娱场所、景区景点、街区园区开发推广数字化产品和服务，进一步推进文物、非物质文化遗产数字化保护利用与传承，开发推广数字文化教育产品。

三是深化数字创意与旅游会展融合发展。提升旅游产品和服务的文化内涵和数字化水平，发展动漫主题公园、虚拟旅游展示等新模式；推动"线上数字经济＋线下实体会展"融合转型，打造"永不落幕"的网上、掌上会展平台。

（四）构建数字技术创新应用体系

一是建立关键核心技术攻关机制。制定实施人工智能、3D显示等重点科技专项，加快建立数字特效、图像渲染、VR/AR/MR、全息成像、裸眼3D等关键核心应用技术的集中攻关机制。鼓励上海交大宁波人工智能研究院等新型研发机构加强智能科学、体验科学等基础研究和应用基础研究。

二是建立数字技术创新应用示范机制。支持5G、大数据、云计算、人工智能、物联网、区块链等在文化产业领域的集成应用和创新，建设一批文化产业数字化应用示范场景。

三是构建公共技术服务平台体系。推动建设影视动漫制作、数字内容创新等省级公共技术服务平台，提供开发工具、智能计算、图像渲染、后期制作、沉浸式体验等服务，促进资源共享，降低企业成本，提高运营效率。

（五）优化数字文化产业生态

一是完善政策扶持体系。宁波市财政根据财力统筹安排现有资金，加强金融服务，鼓励社会资本投资，共同加大对内容原创、技术研发、平台建设、创新应用的支持力度。对企业发生的符合条件的创意与设计费用，落实税前加计扣除政策。

二是优化市场发展环境。对数字文化产业新产品、新业态、新模式，坚持包容审慎、鼓励创新的原则，在严守安全底线的前提下留足发展空间。完善严重失信名单管理制度，构建以信用监管为基础的新型监管机制。加强知识产权保护，打击盗版侵权行为，规范原创内容和 IP 版权交易市场秩序。

三是加大要素支撑力度。鼓励金融机构开发符合数字文化产业特点的金融产品。支持数字文化企业开展债券融资，推进设立数字文化产业投资基金，支持符合条件的数字文化企业利用多渠道资本市场融资。培育一批具有较强核心竞争力的大型数字文化企业，引导互联网及其他领域的龙头企业布局数字文化产业。培育一批细分领域的"瞪羚"企业和"隐形冠军"企业。鼓励高等院校、科研院所与数字创意产业园区、企业合作开展协同育人和职业培训。完善数字创意人才评价机制，建立市级数字内容原创人才储备库。优化人才激励政策，把数字文化人才纳入"甬江引才工程"。

宁波财经学院　冉红艳

关于深化『17+1』合作为中国—中东欧合作

作出示范性贡献的对策建议

国家主席习近平在 2021 年中国—中东欧国家领导人峰会上的主旨讲话以及会后发布的《2021 年中国—中东欧国家合作北京活动计划》中有 4 处直接点到宁波。这是习近平总书记和党中央对宁波服务全国大局的充分肯定和殷切期望。宁波市委书记彭佳学提出，要提高站位、找准定位，服务大局、主动作为，为谱写中国—中东欧国家合作新篇章作出示范性贡献。宁波要深化"17+1"合作，扩大合作范围，提升合作能级和实效，力争在体制创新、主场外交、经贸合作、人文交流等方面有所突破，为中国—中东欧国家合作作出示范性贡献。

一、在体制改革创新层面作出示范性贡献

一是要系统梳理当前深化"17+1"合作的制度性、政策性等方面障碍，加强政策突破的研究实施，着力在投资贸易便利化措施、税收优惠、金融支持、人才引进等领域，构建与国际规则相衔接的制度体系，形成新的"17+1"合作制度红利。

二是要争取在更大范围、更深层次设计构建宁波与中东欧国家经贸合作的生态、标准、联盟和制度，推动实现商品、资金、技术、服务和人员等方面更自由地流动。

三是要积极推动"中国—中东欧国家经贸合作示范区"与浙江自贸区、长三角一体化等重大战略在制度层面的联动改革和创新，成为宁波探索国际跨区域合作制度创新和示范先行的典型样本。

二、在服务国家主场外交层面作出示范性贡献

一是要全力申办"17+1"领导人峰会。中国外交部已经明确，"17+1"领导人峰会将会在 5 年后再次在中国举办，宁波要紧紧抓住这次机遇，对标、对表国家级涉外机制性展会标准，充分做好中东欧博览会承接中国—中东欧国家首脑外交的软硬件准备工作。加快建设中东欧国际会议中心和国际会展中心，同时提前做好服务国家多边外交的各项准备，包括对多边外交的议程设

置，话语权的引领，多边外交、双边外交和民间外交配合等。

二是要提升展会能级。进一步丰富展会内容、提升展会影响力，将中东欧博览会培育成为经贸活动、政策对接和人文交流等相融并促的国际盛会，打造中国—中东欧经贸论坛，使之成为世界级国际贸易投资论坛。

三、在经贸合作层面作出示范性贡献

一是要加快建设"17+1"合作双向贸易网络体系。探索组建大型国有控股进出口贸易公司，建设中东欧农产品、食品、化妆品等特色进口消费品专业市场及能源原材料大宗商品交易平台，扩大中东欧高品质的消费品进口，助力我国今后 5 年从中东欧国家进口累计价值 1700 亿美元以上的商品。

二是要充分借助中欧投资协定完成谈判的东风，把宁波市的优势产能同中东欧国家发展需求、西欧关键技术和标准三方面结合起来，积极开展三方、多方合作，构建"17+1+N"的多方合作开发第三方市场模式。

四、在科技创新与产业合作层面作出示范性贡献

一是要谋划建立"17+1"国际技术转移中心。积极引进、转化中东欧优质科技创新资源，嵌入宁波市科技创新网络体系中，推动一批技术转移项目在宁波落地转化。加快推进海外孵化器、科技飞地等研发创新中心合作试点，鼓励企业在中东欧国家设立海外研发中心，支持与中东欧企业、机构共建中外合作研究机构或实验室。

二是要培育面向中东欧国家的"专精新特"产业合作集群。加强与中东欧国家在高端装备、生物医药、通用航空、金融科技、互联网科技、创意设计等领域的技术合作、产能合作与市场合作，打造境内外联动、上下游衔接的跨境产业集群。

三是要积极培育数字贸易新业态，支持中东欧品牌直播中心和国际直播

人才精英库建设，深度赋能产业数字化转型，助力企业利用直播电商等新模式拓展国内外消费市场。

五、在通道互联层面作出示范性贡献

一是要推动通道互联互通。对标、对表《国家综合立体交通网规划纲要》提出的陆海内外联动、东西双向互济的开放格局，着力形成功能完备、立体互联、陆海空统筹运输网络的要求，进一步强化宁波舟山港与希腊比雷埃夫斯港等港口的开放合作，加大在港口基础设施和集疏运网络建设、港口业务拓展等方面的合作。

二是要继续支持中欧班列等陆上运输通道建设。有效整合长三角等区域货运资源，拓展货物回运业务，进一步做大做强集装箱海铁联运业务，打造国际多式联运物流枢纽。

三是要强化空港与海港、铁路一体化发展的衔接功能和制度安排，拓展航空枢纽作用，争取并逐步增加至中东欧及欧洲其他国家的客货运航线，推动与中东欧国家扩大包括第五航权在内的航权安排，吸引相关国家和地区航空公司开辟经停航线。

四是要提升数字"17+1"经贸促进中心建设，打造集门户网站、数据中心、项目信息发布与撮合等模块（功能）于一体的线上综合服务平台。

六、在文旅交流层面作出示范性贡献

一是要打造"17+1"合作人文交流特色品牌。以索菲亚中国文化中心为样板，进一步拓展在中东欧国家的中国文化中心建设。加强与中东欧国家文博机构联动合作，以中心城市综合体为依托，谋划建立中东欧国家博物馆、文化馆和现代艺术馆等空间载体，提升中东欧文化在中国的知晓度和影响力。

二是要推进"17+1"合作双向优质教育合作。鼓励宁波市与中东欧院校共建多边教育合作机制，开展合作办学、师生互访、学分互认、艺术交流、高端引智等合作项目，创建一批独具宁波特色的教育合作平台和品牌项目。支持两地院校共建中东欧国家语言文化中心，加快建设中东欧语言翻译中心，打造专业化国别区域研究中心。邀请中东欧知名艺术家、体育教练等开设大师班、专题培训，设立国际体艺大师工作站。

三是要拓展与中东欧的旅游合作。继续深化打造宁波与中东欧合作的旅游品牌，推进旅游资源营销，培育康复、健身、养生与休闲旅游融合发展的旅游新业态。支持企业在中东欧国家设立旅游合作中心，鼓励各大旅行社谋划推出一批中东欧—宁波"线上+线下"深度融合的精品旅游线路，开展互为旅游目的地的推广活动。

深化"17+1"合作，必须强化保障措施。首先，建立市有关领导领衔的工作领导小组，形成"17+1"合作工作专班、专报机制，统筹推进全市"17+1"合作的各项建设工作；其次，以数字化改革为引领，对标全球最高经贸规则，全方位构建公开、透明、快捷、更具吸引力的营商环境和服务体系，创新推行视频会议、网上办公、网络招商等工作模式，通过数字化手段全面提升行政效能；最后，积极谋划宁波市参与"17+1"合作的标志性成果和行动计划，联合国内外"17+1"合作智库，加强政策创新和合作路径研究，培养专业干部队伍，提升宁波市参与"17+1"合作的能力水平。

浙江万里学院　殷军杰　闫国庆

加快宁波进口贸易发展打造国家重要进口基地的对策建议

宁波"十四五"规划提出，要提升进口贸易促进创新示范区功能，打造国家重要进口基地，建设国内国际双循环枢纽城市。调研显示，当前宁波进口贸易存在进出口不够均衡、进口平台带动力较弱、进口发展环境支撑不够强等问题。为此，要立足宁波特色优势，做大进口市场规模、引进培育市场主体、持续优化进口环境，打造国家重要进口基地，加快建设国内国际双循环枢纽城市。

一、宁波进口贸易发展基本情况

（一）规模稳步增长

2020 年，宁波市进出口总额 9786.9 亿元，进口 3379.9 亿元，同比增长 5.6%；进口贸易额在计划单列市中居第二位，增速比全国高 6.3 个百分点，占全国进口贸易总额的比重为 2.38%，比 2019 年提高 0.14 个百分点。

（二）市场加快拓展

2020 年，宁波对亚洲、欧洲市场的进口规模，在全市进口贸易中的占比分别为 57.1%、12.8%；对北美洲和欧盟的进口分别增长 20.7% 和 17.4%；对东盟、拉丁美洲等新兴市场的进口分别增长 14.9%、14.8%；对"一带一路"沿线国家的进口增长 12.0%，占全市进口总额的 31.8%，其中从中东欧 17 国进口 37.6 亿元，同比增长 6.3%，在全省的占比超过 50.0%。

（三）结构持续优化

2020 年，全市高新技术产品、机电产品进口规模达到 355.1 亿元和 547.4 亿元，占当年全部进口产品的比重分别为 10.5% 和 16.2%。铁矿砂、铜材、铝材、合成橡胶等大宗商品进口快速增长，废金属、二甲苯、成品油、煤及褐煤进口下降幅度较大。

（四）业务日趋多元

2020 年，全市实现一般贸易进口 2848.4 亿元，同比增长 6.8%；服务贸易进口 338.1 亿元，同比增长 3.5%；加工贸易进口 270.9 亿元，同比下降 9.8%。跨境电商进口走在前列，网购保税跨境电商进口单量 1.2 亿票，货值 254.8 亿元，同比分别增长 8.9%、23.7%。

二、宁波进口贸易发展存在的主要问题

（一）比重偏小

2020 年，宁波进口贸易占进出口贸易的比重为 34.53%，远低于上海的 60.63%，也低于同为计划单列市的大连、厦门、深圳、青岛，其比重分别为 58.49%、48.34%、44.26%、39.49%。

（二）层次偏低

宁波进口贸易商品结构以大宗商品和原材料等资源性产品为主，高新技术产品、机电产品和中高端消费品占比较低。2020 年，宁波高新技术产品和机电产品进口仅占 26.7%；以保税物流方式进口的商品占比仅为 7.4%，而上海接近 50.0%。

（三）主体偏小

宁波进口企业规模偏小，缺少全国性及全球性的商贸龙头企业、跨国采购商、跨国渠道商等。2020 年，宁波全年进口额在 1 亿美元以上的企业仅 67 家，其中超过 10 亿美元的企业仅 3 家。

（四）平台偏散

宁波尚未形成有影响力的消费品进口市场。2020 年，宁波海关特殊监管区进口额 250.3 亿元，仅占宁波总进口额的 7.4%。进口平台功能发挥不够充

分，无论是规模还是专业化程度均有待提升。

（五）支撑偏弱

宁波进口贸易发展缺乏高水平服务业支撑。与进口贸易相关的港口仓储、金融服务、专业服务、人才服务等进口服务业发展相对不足，面向进口贸易的会计、审计、法律、中介、信息等专业服务能力偏弱，人才、金融、财税、知识产权等要素及政策支持不足。

三、加快宁波进口贸易发展的对策建议

（一）做大进口市场规模

一是巩固大宗资源产品进口。稳定石油、天然气、煤炭和稀有金属等战略资源进口，扩大铁矿砂、成品油、铜材、液化石油气等大宗资源性产品进口，以自贸区建设为契机，加快建设宁波国际新型能源贸易中心，打造油气资源配置中心。

二是鼓励先进技术设备进口。完善政策，鼓励以服务生产制造领域的中间品、关键零部件和设备进口，组织技术装备进口企业开展展销对接、境外并购，推动精密数控设备、医疗器械设备、大型机械设备、成套设备、飞机、船舶等融资租赁进口，建立专业领域的关键零部件和技术交易市场。

三是增加优质消费品进口。顺应新消费理念和需求，增加冷链食品、医疗器械等优质消费品进口，建设汽车整车、直升机、游艇等进口高端消费品专业市场，积极扩大汽车等耐用消费品、特色农产品、优质药品、保健品、智能信息终端、文娱用品、特色食品及工艺品等进口。

四是大力推动服务贸易进口。加快发展新兴服务贸易，着力谋划发展船舶运输、供应链服务、境外劳务、知识产权、金融、医疗和信息技术等新兴服务贸易进口，促进符合宁波先进制造业发展需求的研发设计、节能环保、环境服务等知识密集型服务进口。

（二）引进培育市场主体

一是加快招引龙头贸易商。支持大型贸易商构建国内进口商品集散渠道网络，建成全国最大的中东欧商品交易中心和集散中心，引进一批国内外大宗商品龙头型生产商与贸易商到宁波设立采购中心、分拨中心、营销中心，引进一批具有重点商品进口资质的央企和省属企业，引进培育跨境进口电商独角兽企业。

二是加快培育新型进口贸易企业。鼓励中小微进口企业运用电子商务、众包等新模式提升盈利能力，探索线上线下一体化发展的商业模式，支持涉外创客、跨区域创业等新型进口贸易主体与贸易形式。探索进口保税交易，推动更多具有市场渠道和零售业经营经验的企业成为保税展示交易的试点主体。

三是打造新型进口商品展示交易中心。整合"一带一路"沿线国家主题馆、进口品牌主力店、跨境电商主流产品，谋划建设进口商品小镇。打造中国进口智能装备交易展示中心，吸引高档数控机床与基础制造装备、智能控制系统、精密和智能仪器仪表与试验设备、工业机器人等领域的国际主流供应商或经销商常年入驻。

四是培育进口贸易会展平台。做好宁波进口企业参加中国国际进口博览会、中国进出口商品交易会（广交会）、中国华东进出口商品交易会、世界进口商品采购大会及其他境内外各类会展的组织工作。做大做强中东欧博览会、中国国际消费品博览会和浙江进口商品展览会，打造国家级会展平台。继续组织境外"宁波周"、甬港经济合作论坛。加快发展宁波进口商品展示交易中心、宁波保税区进口商品市场、梅山保税港区进口商品市场等消费品进口专业市场，谋划建设铜材、钢材、油品、煤炭、塑料等生产资料进口专业市场。

（三）持续优化进口环境

一是健全服务支持体系。大力发展进口跨境电子商务，推进公共海外仓建设，建立风险监测体系和商品追溯体系，保障进口消费的安全。加快与进口贸易相关的会计、国际结算及法律服务等中介组织的建设。成立进口企业协会，发挥行业协会在信息传递、价格谈判、秩序维护和政策引导等方面的作用。强化知识产权保护力度，严厉打击进口领域走私、知识产权侵权等违法违规行为。

二是发挥境外投资对进口的推动作用。优化境外投资结构，鼓励境外投资企业并购国外优质科技研发类企业，加快先进技术、重要设备及关键零部件的进口。加快推进境外资源、农业投资合作，建立长期、稳定、多元化的海外战略资源供应基地，支持境外能源资源回运。推动"一带一路"境外合作区、中东欧境外合作区建设。

三是完善进口商品物流分销体系。建立以港口物流为龙头的现代物流体系，形成便捷、高效的物流交通网络。做强"首店经济"和"首发经济"，支持国内外知名品牌在宁波设立全球性、全国性、区域性的品牌首店及旗舰店等。吸引跨国公司在宁波设立采购、营销等功能性区域中心，推进进口商品分销配送与城市、农村、城际物流配送融合发展。

四是加强政策要素支持。实施"外贸＋金融"的融合创新，积极引导推出更多适合小微外贸进口企业的信贷产品，创新进口信用保险业务，推动企业申请融资租赁业务资质。研究出台扩大消费品进口优惠政策，制订地方鼓励类进口消费品目录，提升促进进口贸易专项资金额度。在"甬江引才工程"中，对外贸易领域进口贸易人才（特别是数字贸易人才、跨境电商人才等）给予适当倾斜，推动在甬高校培养实用型现代进口贸易人才，加强对现有进口贸易人才的培训，提升商业谈判能力和国际供应链管理能力。

宁波财经学院　王　瑞　刘春香　钟冰平　马俊英　王叶峰

加快推动宁波发展本科职业教育的对策建议

发展本科职业教育是国家层面"十四五"期间的重大举措,是职业教育发展的重大机遇。宁波要抢抓机遇,积极发展本科职业教育,助力打造职业教育金名片,在"十四五"期间继续保持全国领先地位。

一、宁波发展本科职业教育的急迫所在

（一）宁波职业教育体系发展完善亟须提升办学层次

一是中职学校发展需要本科职业教育引导提振。当前，宁波中职学校升学导向严重，校企合作动力逐渐丧失，职业教育属性逐渐淡化。发展本科职业教育，可以主要面向中职学校招生，加大专业知识和技术技能考试力度，引导中职学校加强校企合作，强化技术技能培养，继续保持职业教育发展全国第一方阵的领先地位。

二是高职院校需要本科职业教育激发新一轮发展动力。宁波部分高职院校具备良好的办学基础和实力，发展本科职业教育将为其注入新的发展动力，带动职业教育跨越式发展，继续保持全省领先、全国一流的地位，更好地服务宁波社会经济发展。

（二）产业转型升级对高层次技术技能人才需求激增

随着"246"万千亿级产业集群建设、"225"外贸双万亿行动两大产业发展战略的深入推进，宁波市对本科层次技术技能人才的需求量大幅提升。宁波市委人才办发布的《2020宁波人才开发指引》显示，宁波市企业对本科学历人才的需求由2019年的29.75%上升到42.24%，绿色石化、汽车、高端装备、电子信息、软件与新兴服务业等产业，急需机械工程师、Java开发工程师等高层次技术技能人才。发展本科职业教育，可以有力提升院校培养高层次技术技能人才能力，满足宁波市产业转型升级对高层次技术技能人才的需求。

（三）"17+1"经贸合作示范区建设需要高层次职业教育支撑

"一带一路"沿线国家，特别是中东欧国家职业教育均有本科层次，许多与经贸合作紧密对接的项目由于高职院校缺少本科层次而无法开展。作为"一带一路"的重要节点城市、中国—中东欧国家经贸合作示范区建设城市，宁波亟须发展本科职业教育，提升办学层次，增强院校对等合作能力，以加强与"一带一路"沿线国家特别是中东欧国家的职业教育合作，更好地服务经贸合作示范区建设。

（四）职业教育办学层次提升出现了历史性机遇

《本科层次职业教育专业设置管理办法（试行）》和《本科层次职业学校设置标准（试行）》发布后，教育部及省级政府层面快速启动相关建设工作。高校发展的历史经验表明，若能争上首批建设机会，可以最大化利用政策红利，形成先发优势，推动职业教育跨越式发展。反之，"错过一次，即是错过一轮的发展机遇"，势必会导致宁波丧失职业教育发展的领先地位。在这种情况下，宁波要主动作为，抢抓机遇，积极建设本科职业技术大学，培育本科职业教育专业。

二、宁波发展本科职业教育面临的主要挑战

（一）部分省市已经快速出手抢占本科职业技术大学指标

部分省市在与教育部合作推进职业教育改革创新的相关文件中，明确提出通过"转设或升格"的方式建设本科职业技术大学或开设本科职业教育专业。江苏"支持在苏锡常都市圈办学的独立学院转设为独立设置的应用型本科或与高职合并转设为本科层次职业学校"；江西"支持1~2所高水平高等职业院校升格为职业教育本科院校"；广东"支持深圳职业技术学院、深圳信息职

业技术学院开设部分本科专业"。目前，全国已分批建成 27 所本科职业技术大学，同时有 20 多所本科职业技术大学正在公示或筹建中。部分省市已抢占了本科职业技术大学的先设指标，带动了当地职业教育驶上发展快车道。在本科职业技术大学达到一定数量时，后发城市和院校再创建的难度就会大幅增加。

（二）宁波发展本科职业教育在省内也面临巨大竞争

从全省来看，金华职业技术学院、浙江机电职业技术学院属于国家"双高计划"院校 A 类，排名在宁波职业技术学院之前。《教育部、浙江省人民政府关于推进职业教育与民营经济融合发展助力"活力温台"建设的意见》明确提出，"支持进入国家'双高计划'的温台高职院校升格为职业教育本科院校或转型为职业技术师范大学，并支持其骨干专业试办本科层次职业教育"。如果金华职业技术学院、浙江机电职业技术学院、温州职业技术学院在省内率先升本，势必对宁波高职院校的生源、师资队伍造成虹吸，影响宁波高职教育整体水平的提升，降低宁波职业教育在省内及全国的影响力。

（三）宁波高职院校现状与本科职业教育标准存在客观差距

《本科层次职业学校设置标准（试行）》《本科层次职业教育专业设置管理办法（试行）》对本科职业技术大学、本科职业教育专业有硬性指标规定，如"校园占地面积应不低于 800 亩""学校全日制在校生规模应在 8000 人以上""专任教师总数不少于 450 人""具有博士研究生学位专任教师比例不低于 15%"等。对照上述要求，宁波的 7 所高职院校均在某个或多个指标上存在差距。

三、宁波发展本科职业教育的对策建议

（一）积极争取国家层面和省级层面的政策支持

一是继续深化国家级职业教育与产业协同创新试验区建设，借鉴国家"示范"院校建设经验，向教育部争取计划单列市单独批设本科职业技术大学指标

的政策支持。

二是以首批国家产教融合型城市试点建设为契机，将建设职业技术大学作为试点城市建设方案的补充内容，争取获得国家发展改革委的支持。

三是建立发展本科职业教育的省市联动机制。《本科层次职业教育专业设置管理办法（试行）》明确提出："省级教育行政部门根据教育部有关规定，做好本行政区域内高校本科层次职业教育专业建设规划，优化资源配置和专业结构。"宁波应积极对接省政府、省教育厅，争取省政府支持宁波设立本科职业技术大学，争取省教育厅支持宁波高职院校根据区域产业发展需求设置本科职业教育专业。

（二）重点支持国家"双高计划"学校建设本科职业技术大学

建议市级层面将支持国家"双高计划"学校宁波职业技术学院建设本科职业技术大学作为"十四五"期间的重点工作。

一是成立由市领导牵头的工作专班，协调教育局、发改委、财政局、自然资源和规划局、编办、经信局、科技局、人社局等部门，以及余姚市和北仑区政府，领衔破难，研究解决发展本科职业教育的学校用地、场馆建设、办学经费、人员编制、校企合作、科研平台等问题。

二是对照本科职业技术大学标准，加大对宁波职业技术学院的支持力度。加快推进宁波职业技术学院梅山校区、余姚校区建设，尽快补齐学校占地面积、建筑面积、办学设施设备等方面的短板。扩大学校招生规模，按本科标准核算生均拨款经费。将学校重点培育本科专业引进的师资与团队纳入市级人才引进计划和建设工程，给予重点支持。加大对学科、实验室、科研平台建设支持，争取建设省级、国家级科研和服务平台。

三是支持宁波职业技术学院与省内合适的独立学院合并转设，建设职业技术大学。

（三）加大力度培育高职院校本科职业教育专业

建议市教育局将培育本科职业教育专业作为"十四五"期间的重点工作，加强对院校重点专业的扶持和培育。

一是牵头成立由教育局分管领导、各高职院校校级领导、行业组织专家、合作龙头企业负责人组成的本科职业教育专业建设委员会，统一推动和指导全市本科职业教育专业建设工作。

二是以各校"双高"建设专业为基础，对照本科职业教育专业标准，聚焦"246"万千亿级产业集群建设、"225"外贸双万亿行动的人才需求，重点培育与绿色石化、汽车、高端装备、电子信息等产业对接的专业，引导各院校本科职业教育专业错位发展，整体提升宁波本科职业教育实力。

三是引导各高职院校将发展本科职业教育作为"十四五"期间的1号工程，梳理优势专业资源，提前谋划，重点培育，抓紧补缺补短，确保在浙江省开展第一批本科职业教育专业建设时，全市有重大突破。

宁波职业技术学院　王　琪

（第五轮宁波市社会科学研究基地课题成果）

宁波平台经济发展存在的若干问题与相关建议

习近平总书记在中央财经委员会第九次会议上强调："我国平台经济发展正处在关键时期，要着眼长远、兼顾当前，补齐短板、强化弱项，营造创新环境，解决突出矛盾和问题，推动平台经济规范健康持续发展。"2021 年 4 月，浙江省委常委会召开会议，深化研究部署加强平台经济监管、推动平台经济规范健康持续发展。课题组调研认为，一方面，宁波要把握平台经济发展窗口期，出台政策举措推动平台经济快速发展；另一方面，宁波要把握平台经济发展规律，采取有力措施解决突出矛盾和问题，推动平台经济规范健康持续发展。

一、宁波发展平台经济的重要意义

平台经济是一种电子商务新业态，特别是新冠肺炎疫情暴发以来，以共享经济为代表的平台经济呈现出强大的韧性和发展潜力。国家信息中心发布的《中国共享经济发展报告（2021）》预计，未来 5 年共享经济年均增速将保持在 10% 以上。据统计，宁波目前共有各类平台企业 118 家，整体呈快速发展态势（见表 1、表 2）。

表 1 宁波各县（市、区）平台企业统计

单位：家

县（市、区）	平台企业数量	县（市、区）	平台企业数量
海曙区	10	奉化区	1
江北区	10	余姚市	5
镇海区	11	慈溪市	1
北仑区	6	宁海县	3
鄞州区	38	象山县	2
保税区	8	大榭开发区	7
高新区	15	其他	1

注：奉化区、象山县各有 1 家已处于非正常经营状态；计入"其他"的 1 家公司，其注册地不在宁波，但在宁波开展经营活动。

表 2　宁波各类平台企业统计

单位：家

平台企业类别	平台企业数量	平台企业类别	平台企业数量
电子商务	35	综合服务	15
智慧商贸	7	互联网营销	5
智慧教育	5	工业互联网	4
互联网金融	1	智慧医疗	1
智慧政务	1	网约车	25
互联网音频	1	房地产	2
其他	16		

（一）平台经济是"稳就业"的新抓手

2019 年和 2020 年，相关部委先后发布了 3 批共 38 种新职业，与平台经济相关的职业占比超过一半，推动了整个社会就业结构的转型。平台企业遍布宁波 10 个县（市、区）以及所有重点开发区，在当前就业压力较大的情况下，平台企业采用灵活用工等方式增加了大量就业岗位，2020 年，仅美团和饿了么两家平台在宁波就有外卖从业人员近 1.6 万名。

（二）平台经济是企业降本增效的新途径

2020 年，我国平台经济参与者约 8.3 亿人，既保障了灵活就业人员持续就业的机会，提高了个人收入，也解决了企业短期用工的需求。目前在宁波设立分公司的网约车平台共 25 家，2020 年共有合规网约车 1.6 万余辆、注册驾驶员 2.9 万余人，且多数驾驶员服务于多个平台，比如网约车驾驶员可在"恒好用车""阳光出行"等平台同时接单。企业间通过共享员工的方式，能有效降低用工成本和管理成本，从而创造更加可观的利润。

（三）平台经济是拓展消费市场和扩大内需的新引擎

平台能提供内容更加丰富、体验更加个性化和便捷化的服务供给，有利于激发出新的需求，拓展消费市场。宁波现有平台企业涉及工业互联网、跨境商贸、网约车等 50 余个行业，逐渐打响一批本地品牌，如"小遛"共享单车、"小 6 买菜"等。随着居民消费理念的转变和更高品质生活需求的释放，共享型服务持续向主要生活领域加速渗透，成为促消费、拓内需的重要力量。

二、宁波平台经济发展存在的几个问题

（一）平台产品和服务水平不够优质，缺少认证标准

《中华人民共和国电子商务法》未就电子商务商品或服务制定统一标准，只明确说明"法律、行政法规对销售商品或者提供服务有规定的，适用其规定"。《国务院办公厅关于促进平台经济规范健康发展的指导意见》（国办发〔2019〕38 号）指出，部分新兴行业缺乏标准，要及时制定出台相关产品和服务标准。平台经济作为一种新兴业态，在理论上尚未就"哪些产品和服务是可以被共享的"形成一个统一标准，对共享服务水平优劣也没有标准界定。平台提供的产品和服务经常出现质量不够好、服务不到位等情况，甚至有泄露消费者个人信息等严重损害消费者权益的问题发生。宁波原有的 2 家智慧渔业、水产平台企业已先后退出市场，"小遛"共享单车充值余额不能退还问题屡遭消费者投诉，"小 6 买菜"服务体验不及外地平台"叮咚买菜"，这些情况都严重影响行业发展。

（二）平台从业人员技能水平较低，缺乏社会保障

平台经济灵活就业者已经形成一个体量庞大且迅速增长的群体，但这些就业大量集中在进入门槛低、劳动密集的生活服务业，如网约车、外卖送餐等，大多是简单重复劳动。据调查，全国 80% 的外卖骑手来自农村，超过 60% 的快递从业人员为初高中学历，大多为低技能或无技能人员。而且，灵活就业者是通过平台注册成为个体工商户接单，为不同企业提供短期服务获得报酬，他们大多没有参加工伤等保险，缺乏相应的社会保障（2020 年新冠肺炎疫情防控期间，中国人寿财险宁波市分公司向全市 1.6 万名外卖骑手赠送

了法定传染疾病"守护安心"保险），这一问题需要予以关注。

（三）平台企业容易产生无序恶性竞争，形成行业垄断

《中国共享经济发展报告（2021）》指出，平台企业一旦获取市场优势地位，往往会通过提高服务价格或者降低服务提供者的收益分成等方式攫取超额利润。近年来，在国内外都有大型平台利用其资本优势、数据优势和客户优势进行无序竞争，导致一些规模较小的平台逐步退出市场或被大平台吞并，平台资源向资本力量雄厚、综合实力强的头部企业聚集。宁波网约车、共享单车、共享充电宝等逐年涨价，2019—2021 年涨幅为 25%~200%，消费者体验变差。个别平台滥用市场支配地位，要求平台内商家"二选一"，阿里巴巴因此被罚 182.28 亿元。

（四）平台企业监管存在交叉和盲点，难以有效监管

平台经济天然具有"一个平台、全国布点"的经营模式，而这与当前的属地管理体制存在不适应之处，宁波现有的 25 家网约车平台企业均为外地企业分公司。同时，平台企业涉及的传统行业类型较多，对应不同的主管部门，存在"九龙治水"现象。调研显示，宁波现有 118 家平台企业，分属市经信局、市商务局、市市场监管局、市交通运输局和市住建局等 5 个部门主管，不同监管部门对平台企业的监管内容、要求并不一致，既有重复监管，也有监管空白。

三、推动宁波平台经济规范健康持续发展的对策建议

（一）完善平台经济产品和服务标准体系，提升供给水平

一是制定服务标准体系。探索制定适应宁波本地发展实际和需求的平台经济产品与服务标准，引导龙头企业和行业协会主动制定企业标准、参与制定行业标准，引入或培育第三方检验检测机构进行产品和服务认证。

二是提升综合服务水平。聚焦宁波制造业先发优势，着力支持工业互联网平台发展，加快建设新一代信息通信基础设施等共享经济数字基础设施工程，为中小微企业提供协作、创新、资源、生产等综合性服务，更好服务实体经济。

三是增加优质内容供给。支持消费领域平台企业挖掘市场潜力，提供内容更加丰富、体验更加便捷化与个性化的产品和服务供给，通过增加优质供给开发新的消费需求。

（二）加强平台经济从业人员权益维护，完善社会保障

一是丰富社会保险保障产品。完善平台企业用工和灵活就业人员的社保政策，鼓励与引导平台企业为从业人员购买商业保险，符合条件的可纳入企业税收优惠范围。引导商业保险公司开发更多面向灵活就业人员的产品。探索兼顾平台企业和从业人员双方利益的风险共担机制，合理划分平台企业和从业人员缴费责任。

二是加大奖补税费优惠力度。对平台企业吸纳就业进行奖补、税费优惠等，鼓励与引导其提供更多就业岗位。支持平台企业组织培训，对有培训能力的平台企业，支持其开发培训课程，既强化对从业人员业务能力的培训，也注重综合素质、职业发展等方面的培训。对平台从业人员进行技能考核与等级评聘，鼓励其提升技能，并适当进行政策奖励。

三是提升从业人员技能水平。对全市平台企业灵活就业者进行全面摸底，系统登记受教育程度、职业技能等情况，了解其职业技能需求与发展意向。对平台从业人员在培训、社保、创业类补贴等政策享受上，适当放宽条件，并针对灵活就业特点进行调整和完善。通过创新招生方式、采用弹性教学、开设网络课程等手段，让更多灵活就业者提升学历，保障其职业发展的可持续性。

（三）构建职责明确的协同监管体系，防止资本无序扩张

一是健全数字规制，强化相关法律运用。全面贯彻落实《中华人民共和国反垄断法》《国务院反垄断委员会关于平台经济领域的反垄断指南》和《浙江省平台企业竞争合规指引》，完善平台企业垄断认定、数据收集使用管理、消费者权益保护等方面的法律规范。加大行政审查力度，督促平台企业落实集中反垄断申报，依据相关法律对违规行为及时做出认定。

二是明确监管职责，构建全方位协同监管体系。各部门要严格落实属地监管责任，对在本地区开展经营活动的平台企业，依法依规实施常态化监管。经信、商务、市场、人社、税务、运管、网信等部门要建立协同监管机制，合理界定不同行业领域平台经济的业态属性，分类细化管理，对平台企业的经营活动全链条分析划责，不留死角。探索建立政府、平台企业、行业协会等共同参与的平台经济多方协同治理机制。

三是加大对平台金融行为监管力度，防范资本无序扩张。健全平台经济股权、关联交易等监管机制，创新监测手段，提升数据运用能力，重点强化对大型平台企业涉嫌垄断、排除或限制竞争等不正当竞争行为的风险监测和分析，妥善制定防范措施，严防平台和金融深度融合助推资本无序扩张。

（四）从严查处平台企业违法行为，营造良好发展环境

一是制定平台企业行为负面清单，规范经营行为。可借鉴杭州市已出台的《杭州市智慧经济促进条例》《关于加快杭州市直播电商经济发展的若干意见》《关于加快发展信息经济的若干意见》等文件内容，制定负面清单，明确禁止和限制平台企业投资经营的行业、领域、业务，规范平台企业经营行为，重点防范平台企业与金融业务深度融合带来的垄断及其他风险，促进平台经济良性发展。

二是加大违法惩戒力度，遏制违规经营。重点聚焦直播带货等电商平台之间恶性价格竞争、恶意流量竞争等违法行为，严厉打击平台企业滥用市场支配地位、虚假宣传等不正当竞争行为。尤其要遏制生活服务类平台（电商、

社区团购、网约车等）利用大数据技术与其他市场经济主体（如商贩、超市、出租车等）进行恶性价格竞争。

三是加强个人信息保护，营造放心消费环境。探索建立数据产权制度，压实平台企业数据安全责任和保护消费者数据安全的主体责任，加大对个人信息尤其是对未成年人信息的保护力度。大力推进"放心消费在浙江"行动，切实保障消费者权益，推广应用"12315"平台在线消费纠纷解决（ODR）机制，实现经营者与消费者线上调解。

中共宁波市委党校　王梦莹

引得准　扎得深　转得好：
推动产业技术研究院成为浙江省高质量发展新引擎
——基于宁波产业技术研究院调研的若干启示建议

作为高质量发展"研发大脑"的产业技术研究院，近年来发展迅速，日渐成为各地集聚创新资源的有效载体、突破技术瓶颈的有效路径、助推产业转型的有效举措。我国高度重视产业技术研究院建设，国家"十四五"规划纲要明确提出，"鼓励有条件地方依托产业集群创办混合所有制产业技术研究院，服务区域关键共性技术研发"。作为中国经济先行省，浙江省近年来也掀起了一股产业技术研究院建设热潮，尤其是宁波针对制造业技术研发需求较大、创新资源又较为薄弱的突出矛盾，积极引进高水平产业技术研究院，成效较为明显。

2021年5月中旬，浙江省委党校第三期中青一班四支部第一调研组就浙江省产业技术研究院建设课题赴宁波调研。调研组通过召开由宁波相关部门以及多家产业技术研究院负责人参加的座谈会，赴宁波海曙区、前湾新区和浙江省科技厅实地调研等方式，对宁波产业技术研究院取得的具有普遍意义的做法经验进行了总结，并提出了加速推动浙江省产业技术研究院成为浙江打造现代化产业体系"研发大脑"的若干建议。

一、宁波推进产业技术研究院建设发展的基本做法

近年来，宁波市着眼推动高质量发展，全面实施科技创新"栽树工程"，大力引进和建设产业技术研究院，累计已引进建设研究院71家，其中，2018年以来新引进研究院23家。

（一）注重顶层设计

先后制定出台《关于加快产业技术研究院发展改革的若干意见》《宁波市产业技术研究院建设专项行动计划》《宁波市产业技术研究院建设与发展管理办法》《宁波市产业技术研究院绩效管理办法（试行）》等"1+X"系列政策，在主体责任、引进落地管理、建设运营管理、政策支持等方面做好规范指导。聚焦核心主业，明确研究院的功能定位，侧重于应用研究和技术攻关，推动产学研深度融合。精准选择合作主体，突出大院名校、龙头企业和知名专家团队。

（二）注重协调服务

坚持主要领导亲自抓，如在吸引中国工业互联网研究院、上海交通大学、北京航空航天大学、西北工业大学、大连理工大学等到宁波合作共建研究院的过程中，时任市委主要领导都亲自领衔，并定期听取进展汇报，海曙区专门成立区委书记、区长同时担任组长的"双组长制"工作推进小组。制定市领

导联系重点研究院制度、产业技术研究院联席会议制度，建立研究院建设服务工作专班，做到"问题到哪里，支持就到哪里"，充分保障各研究院早日落地、高效产出。

（三）注重运营模式创新

按照"投资主体多元化、管理制度现代化、运行机制市场化、用人机制灵活化"的要求推进建设，机构性质以独立法人为主。目前已有事业法人 31 家、企业法人 28 家、民办非企业法人 8 家、非独立法人 4 家。

（四）注重作用发挥

促进院企对接，加强协同研发攻关，举办创新挑战赛、技术难题竞标等活动，组织实施"百日百场"院企对接系列活动，梳理产业技术研究院创新成果清单、关键核心技术揭榜挂帅清单"两张清单"，开展线上和线下"两种对接"。强化绩效管理，突出目标任务导向，与研究院共同研究制定发展规划，签订年度目标任务书，开展年度绩效考核，建立以绩效产出为导向的评价激励机制，倒逼研究院创新发展。

二、宁波推进产业技术研究院建设发展的主要成效

调研发现，宁波市各类产业技术研究院在推动创新链和本地产业链对接、提升制造业发展水平、培育战略性新兴产业等方面已经取得了积极的成效，突出表现在以下四个方面。

（一）引进了一批创新人才

"背靠"国家科研机构、名牌高校、领军企业，有利于在较短时间内吸引集聚一批高端人才和团队。目前，宁波的产业技术研究院已集聚各类人才 3 万余人，其中：研发人员占比超过 70%；国内外高端人才 800 多人；入选国家级、省级、市级人才计划的人才数量占全市的 1/4。近 5 年，产业技术研究院

累计培养研究生近 3000 人。吉利汽车研究院仅一期项目就集聚各类研发人员 1 万人以上，外籍专家 100 人以上；北航宁波创新研究院成立仅 3 年，集聚创新人才 243 名，在培研究生 308 人。

（二）突破了一批关键技术

产业技术研究院着眼于创新链中从科学到技术转化的关键环节，力争成为关键核心技术"主攻手"。研究院建设创新平台 230 多个，其中国家级平台 23 个。近 5 年，承担国家科技项目 159 项，取得科技成果 1173 项，拥有国内外有效发明专利 5577 件。突破了一批关键核心技术"卡脖子"问题，如宁波工业互联网研究院发布的 supOS 工业操作系统、复旦大学宁波研究院研发的全自动病理染色封片一体机、北航宁波研究院研发的高速高效磁悬浮电机等，都是国内首创。

（三）支撑了一批企业转型

研究院着力于"把纸变成人民币"，加快推动创新成果转移转化。仅 2020 年，研究院累计服务企业 10745 家次，转让科技成果 234 项，承接企业技术难题 102 个，技术服务合同成交额近 22 亿元。如中科院宁波材料技术与工程研究所与国内 1000 多家企业开展了广泛合作，机械科学研究总院南方中心建院仅一年多，已服务企业 100 余家次。

（四）孵化了一批创新企业

研究院通过投孵联动、引孵联动等形式引进孵化优质项目和团队，目前已孵化科技企业 576 家，其中 2020 年孵化企业 247 家，培育出成长性良好的高潜力企业 70 余家。如复旦大学宁波研究院已引进孵化企业 208 家，3 家企业具备上市条件。宁波工业互联网研究院孵化的浙江蓝卓公司，已发展下游用户 1000 余家，销售额超过 5000 万元。

调研组还发现，宁波产业技术研究院在建设发展过程中也存在一些问题和挑战。比如，从研究院自身看，有 10 多家研究院因资源输出不足和自身体制机制不灵活等，发展动力不足；部分研究院的主攻方向和项目布局重点还不够突出；部分研究院建设进展较慢，高层级成果不够多；等等。从政府管理服务看，政府部门对研究院的发展规律认识不够深入，政策支持还不够精准，分类分层管理保障还不够有效，等等。

三、对浙江省推进产业技术研究院建设发展的若干建议

产业技术研究院作为区域科技创新体系的重要组成部分，是国家为了解决科技与经济"两张皮"问题，推进科技成果转化的战略举措。当前，产业技术研究院在浙江呈"遍地开花"之势，根据初步统计，目前浙江省共有各类产业技术研究院约 200 家，实现 11 个地市全覆盖。为使全省产业技术研究院引得准、扎得深、转得好，结合宁波的做法经验，课题组提出以下意见和建议。

（一）强化对全省产业技术研究院建设的统筹协调，尽快形成集群效应

一是加强对全省产业技术研究院布局的规划引导。要深刻理解研究院对浙江省高质量发展的支撑作用，充分认识研究院建设是面向未来的战略之策。组织制定全省产业技术研究院建设规划和指导意见，聚焦打造三大科创高地，优化全省产业技术研究院布局，引导研究院向杭州城西、宁波甬江、G60、温州环大罗山等科创大走廊集聚，打造若干研究院集聚区，形成集群效应。

二是增强研究院引进的针对性和前瞻性。绘制研究院资源地图，围绕新一代信息技术、生物技术、新材料等浙江省重点发展产业，结合各地市资源优势、产业基础、市场需求，精准引进与浙江省和各地市产业匹配度高的研究院，做好"错位""补缺"工作，形成每个重点产业集群都有研究院支撑的局面。

三是推动全省产业技术研究院协同发展。聚焦细分领域，引导相关研究院、科研院所、风投机构、服务机构、行业协会、重点企业等联合组建产业

技术创新联盟与产业应用联盟。建立全省产业技术研究院联席会议制度，协商解决研究院建设发展中遇到的重大共性问题。

（二）强化对产业技术研究院建设发展的政策支持，加快实现精准施策

一是实行分类分层和个性化支持机制。坚持结果导向，以强调个性为特点，分门别类制定扶持政策，推行"按需分配、绩效关联"的支持方式，对重点研究院编制"一院一策"的支持方案。

二是强化要素支撑保障。对浙江省研究院科研建设发展项目，依法优先安排建设用地。完善多元化投入机制，对重点研究院以"一事一议"方式给予支持，鼓励各类创投基金优先给予股权投资，创新推出科技信贷、科技保险等科技金融产品。对研究院引进的人才（团队），及时兑现优惠政策，支持申报相关人才计划，多渠道帮助引进人才解决配偶就业、子女就学等问题。

三是强化业务发展支持。在研究院集聚区，布局建设实验室、中试场地、检验检测等重大科研基础设施。支持申报高等级科研项目，开通申报浙江省"尖峰计划""尖兵计划""领雁计划""领航计划"等科技项目"绿波带"。加强知识产权服务，为研究院的专利导航、专利布局、高价值专利培育、知识产权侵权诉调等设置绿色通道。

（三）强化产业技术研究院的功能作用发挥，着力推动产研一体

一是推动研究院与市场双向对接。建设完善全省技术成果库和需求库，打造线上与线下融合、专业化与综合性相结合的院企双向对接平台。系统梳理浙江省重点产业集群关键技术、企业技术难题、研究院研究领域、研究院科技成果供给"四张清单"。定期举办"跨地区、跨领域、跨单位"的难题竞标、成果拍卖、项目路演等多种形式的成果推介会和需求对接会。

二是强化绩效管理倒逼作用。制定绩效管理办法，实施分类评价制度，建立项目绩效考评机制、财政资金投入评价机制、研究院实际成果与财政支持奖惩挂钩制度，发布研究院绩效榜，以成效倒逼研究院发展。加强管理监

督，严查弄虚作假骗取财政扶持专项资金的行为或其他违规行为，建立黑名单制度。

三是推进研究院体制机制创新。支持研究院根据实际需要灵活注册法人资格，实行市场化运作方式，建立理事会制度，设立多元投资的混合制运营公司。选择一批有条件、有积极性的研究院，开展研究院高效运营模式改革试点，在科技成果所有权激励、科研经费管理改革、科研人员评聘、扩大科技人员人财物自主支配权、科技成果评价、科研项目管理等方面改革创新，探索建立"政策特区"。

浙江省委党校第三期中青一班四支部第一调研组

调研组成员：陈文波　冯华东　陈刚敏　童明荣　俞奉庆　刘　刚

顾耀东　裘菊红　张　烁　严一平　王世强　别　蒙

陈永怡　崔威武　唐小明　吕洪炳　陈海华　李新芳

推动头部企业海外收并购

加速宁波创新型城市建设

党的十九大提出，要坚定实施创新驱动发展战略，加快建设创新型国家。初步建成高水平创新型城市是未来五年宁波的发展目标之一。在强化自主创新的基础上，推进头部企业通过海外收并购实现技术转移，从外部获取其他企业有竞争优势的创新资源，对于推进宁波市企业科技创新、培育壮大新动能、迅速抢占产业链的制高点、提升城市核心竞争力，都具有重要的战略意义。

一、推进海外收并购的现实意义

当前，国际竞争愈演愈烈，产品的生命周期和技术开发周期不断缩短，自主研发的成本日益增加，企业单纯采用内源式自主创新已不能满足市场发展需求。指导条件成熟的企业通过海外收并购的方式"走出去"，快速提升自身创新能力，是宁波培育新兴产业、创新发展模式的必然选择。

（一）海外收并购有利于解决核心技术受制于人的困境

缺"芯"之痛凸显了当前中国制造业在核心技术和关键部件方面仍受制于人的困境。越来越多的企业通过国际化经营，在全球范围内配置资源，提升国际竞争力，其中海外收并购成为企业"走出去"的重要途径。吉利集团通过收购澳大利亚 DSI 变速箱公司、沃尔沃公司、英国锰铜控股等海外公司，以及在海外设立研发中心等举措，直接获取丰富的知识资源和研发成果，实现了对核心技术的真正掌控。海外收并购是拓展市场空间、掌握行业话语权、有效破解"卡脖子"问题、占据全球产业创新链制高点的有效手段。

（二）海外收并购有利于企业实现技术追赶的"弯道超车"

掌握国际前沿核心技术，实现技术领先地位，要把渐进式创新和模仿式增长结合起来，要与世界领先企业建立战略伙伴关系，通过收并购获取先进技术，在追赶过程中进行阶段性跳跃，创造自己特有的追赶路径。收并购发达国家企业的研发力量，是获取核心技术、实现技术转移的有效途径，宁波制造业实力雄厚、产业配套齐全、港口等基础设施发达、营商环境良好，拥有广阔的市场空间，这为企业在海外收并购获取先进技术以后的吸收再创新奠定了基础，有利于企业实现技术追赶的"弯道超车"。

（三）海外收并购有利于做强产业链，打造区域产业集群

产业链头部企业通过海外收并购，在技术转移过程中实现了产业链关键核心技术的自主可控。例如，均胜电子通过整合技术研发、市场渠道、管理运营等全球资源，迅速成为全球汽车安全市场的第二大巨头；江丰电子从金属靶材制造进一步迈入高纯度金属冶炼，扩大了全球产业空间。头部企业是整个产业链协同发展的关键环节，进一步促进宁波产业链头部企业做强做优做大，充分发挥其对产业高质量发展的核心引擎功能和辐射带动作用，对于提升产业链上下游企业协同创新能力、维护产业链的安全稳定具有十分重要的意义。

二、宁波推进海外收并购的现实基础和薄弱环节

（一）现实基础

宁波是重要的制造业基地，在全国率先建立了特色鲜明的现代工业体系，拥有较雄厚的制造业家底，获批全国首个"中国制造2025"试点示范城市。同时，宁波是出口导向型城市，地处"一带一路"建设支点，是承接国际产业链的"优等生"。这些都为宁波企业"走出去"奠定了良好的现实基础。

一是创新主体快速增长。自2008年开展国家高新技术企业认定以来，宁波高新技术企业队伍不断壮大，数量从2008年的477家增加到2020年的3102家，年均增幅达到16.9%。尤其是近几年的增量呈井喷态势，高新技术企业数量从2018年的1741家增加到2020年的3102家，年均增幅达39.1%。

二是头部企业发力崛起。从纳入宁波市创新型企业监测平台的高新技术

企业来看，主营业务收入在 10 亿元以上的领军型高新技术企业有 132 家（占比为 4.2%），其中 50 亿元以上的有 22 家，100 亿元以上的有 8 家。从企业贡献度来看，10 亿元以上领军型高新技术企业贡献了全市高新技术企业 54% 的工业总产值，如舜宇光学、万华化学等行业头部企业，近些年持续加大研发费用投入，为强化产业链的头部引领作用提供了重要支撑。

三是产业分布比较集中。按照八大高新技术领域划分，全市高新技术企业主要集中在先进制造与自动化、新材料、电子信息等三大领域。其中，先进制造与自动化行业企业 1526 家，新材料 499 家，电子信息 490 家，这三个行业的高新技术企业数量在全市高新技术企业中的占比为 81%，与宁波制造业大市的产业布局高度契合。

（二）薄弱环节

近年来，宁波科技创新发展取得了显著成绩，但从全球、全国来看，创新要素、创新主体、创新影响的全球化日益加深，"逆全球化"频现、知识产权贸易壁垒上升等问题日益严峻，同时，国内的创新竞争日益加剧，成为创新发展的巨大挑战。

一是缺乏有重大影响力的创新平台。近年来，宁波布局成立了甬江实验室、浙江创新中心、甬江科创大走廊等一系列高端创新平台，但创新平台以工程技术中心、企业技术中心为主，目前还没有形成像杭州之江实验室、西湖大学、阿里集团达摩研究院等创新机构那样的国际和国内影响力。同时，"基础研究—应用研究—产业化"的创新平台链条也不完善。

二是缺乏对高科技产业链的主导权。多数科创型企业还处于产业链的中低端，整体上缺乏核心技术和领先工艺，高技术含量、高附加值的产品不多，全球市场份额虽然占优但技术层面尚未达到顶尖水平。产业链整合能力欠缺，产业链各环节的协作配套存在滞后或脱节，上下游企业之间的信息互动不够，生产链接不畅，产业链头部企业的带动作用没有得到高效发挥。

三是缺乏创新型头部企业。目前，宁波的创新型企业总体规模较小，研发水平普遍偏低，以跟随式、模仿式创新为主，还处于产业价值链的低端，缺少占据科技和产业制高点、能持续带动产业上下游协同发展、具备世界影响力的创新型头部企业（华为、大疆、华大基因、海康威视等），整体产业链创新的后劲不足。

四是缺乏解决核心技术难题的能力。在人工智能、航空航天、5G 产业等领域仍缺乏关键性技术，科研院所总体数量和质量与产业创新发展的要求不相匹配，许多产业技术源头在国外，往往只是跟踪国际前沿进行研发，缺乏解决"卡脖子"难题的能力。

三、推进头部企业通过海外收并购实现技术转移的建议

（一）加强宏观指导，构建全方位的服务体系

充分发挥技术转移体系中的导向作用，全面深化"最多跑一次"改革，推行简化的核准和备案程序。完善信息化指导服务平台建设，一方面，要及时更新与海外收并购有关的数据和信息，发布典型案例；另一方面，要加强对国际形势的分析，为企业境外投资提供有针对性的宏观指导。同时，在浙江自贸宁波片区积极探索灵活的企业海外收并购管理试点政策，吸引离岸研发机构、海外创新人才以及前沿科技创业项目来甬，为头部企业提供融资、法务、风险预警、市场开拓等全方位服务，帮助其通过跨国并购获得技术和管理资源，提升核心竞争力，获得国外市场份额，提高全球市场占有率，抢占全球产业链的高端。

（二）打造产业联盟，凝聚创新合力

引导掌握核心技术的行业头部企业发挥引领和带动作用，整合产业链资源，组建产业联盟，有效加强与协作配套企业在研发、人才、品牌、市场等方面的深度合作，推动产业链共享式发展。鼓励产业联盟在内部组建研发团队，落实研发费用及税收优惠政策。促进联盟内部成员共同学习国外先进技

术以及相互学习彼此特长，降低研发成本、分担研发风险、缩短研发周期，从而集中产业力量，加快成员企业进入市场的速度。

（三）完善政策体系，有重点地吸纳与发展海外收并购中介服务机构

中介服务机构在企业开展海外收并购过程中扮演着重要角色，它们凭借专业的人才、专业的知识、丰富的经验为企业提供服务，包括资产评估、并购谈判、交易操作、法务咨询、政府公关、整合咨询等内容。应围绕企业需求重点发展资产评估中介机构、并购谈判和交易中介机构、法律问题解决中介机构等，制定促进这些中介机构发展的政策，大力引进国际法律、会计等相关专业高端人才，出台政策吸引国内外著名券商企业、会计师事务所、律师事务所等相关中介机构在甬设置总部或分支机构。

（四）做强头部企业聚集的高能级平台载体

支持围绕头部企业规划建设高品质产业集聚区，鼓励头部企业带动产业链上下游联动发展，吸引上下游企业入驻，依法依规在土地、房租、贷款、用电、用水等方面给予重点支持，强化头部企业在产业链中的引领作用。围绕头部企业建立功能型平台，通过布局建设重大功能型研发测试平台和产业生态平台，为产业链上下游企业全面赋能。深化国际科技合作，支持头部企业赴境外建设孵化器和研发机构。开展产业链集聚工程，引进国内外知名头部企业等，集聚产业链优质企业，打造稳固产业生态，进一步拓展国际国内市场。

鄞州区侨联　余佳子

浙江工商职业技术学院　谢　骏

鄞州区社科院　屠应超　鲁霜霜

警惕低生育率『灰犀牛』
建设生育友好型城市的对策建议

2020 年，宁波人口出生率再创新低，新出台的全面放开三孩政策很难从根本上扭转局面，全市老龄化程度仍在不断加深，人口结构问题日益凸显，存在影响经济社会良性发展的"灰犀牛"风险。课题组经调研认为，宁波人口出生率低迷的主要原因包括晚婚率、不婚率、离婚率不断上升，育龄家庭生育焦虑难以有效缓解，社会婴幼儿照护供给能力不足，生育支持政策体系尚不完备等。建议通过优化制度、硬件、服务、人文等四大环境，建设生育友好型城市，以促进人口出生率反弹，优化人口年龄结构。

一、宁波人口出生率持续走低，人口结构问题日益凸显

2020 年，宁波出生 43521 人，人口出生率仅有 7.12‰，在全省、全国的排名均靠后，创历史新低。从统计数据看，二孩政策红利正在以超乎预期的速度快速减退（见表 1），2015 年末我国全面放开二孩政策，2017 年宁波市人口出生率和二孩率达到峰值，此后即进入持续的下行通道。2021 年 6 月，国家全面放开三孩限制，业内专家预计短期可使新出生人口提升约 10%，但很难从根本上扭转宁波市出生率低迷的局面。根据人口发展规律，总和生育率要达到 2.1，才能保证代际更迭的平衡。根据第七次全国人口普查数据，我国目前的总和生育率仅为 1.3，而宁波又低于全国水平，形势十分严峻。

表 1　2014—2020 年宁波人口出生率及出生人口二孩率

年份	人口出生率 /‰	出生人口二孩率 /%
2014	9.69	25.53
2015	8.31	31.60
2016	8.68	38.15
2017	10.30	44.43
2018	8.51	44.19
2019	8.17	40.28
2020	7.12	38.00

与此同时，宁波已进入超老龄化社会，且程度仍在不断加深。截至 2019 年底，全市 60 岁以上户籍老年人口 156 万人，占户籍总人口的 25.6%，高出

全国 7.5 个百分点，高出全省 2.7 个百分点。未来家庭少子化趋势进一步加强，老年人口年龄结构中高龄化现象更加凸显，劳动力人口减少、养老负担加重、经济增速减缓等引发经济社会发展不稳定的"灰犀牛"风险持续加大。尽管第七次全国人口普查数据显示宁波人口净流入量持续向好，但要实现人口规模长期适度增长、人口素质进一步优化提升、人口结构持续动态平衡，仍须将提振生育率作为根本性对策。

二、宁波人口出生率低迷的主要原因

（一）晚婚率、不婚率、离婚率不断上升

宁波作为全国经济最发达的城市之一，婚姻状况率先发生转变，主要体现在初婚年龄推迟、结婚率下滑、离婚率持续攀升。根据 2021 年宁波市政协共青团青联界联合提案公布数据，全市青年平均结婚年龄为男性 31.3 岁、女性 30 岁，呈现大龄化趋势，30~40 岁的未婚人群占到本年龄段的 10.3%；结婚率逐年降低，结婚对数逐年下降，2018 年和 2019 年分别为 40843 和 32604 对，同比离婚对数为 17603 对和 17766 对，离结率为 43.1% 和 54.5%。结婚率下降和生育率下降、老龄化加重互为因果。

（二）育龄家庭生育焦虑难以有效缓解

新生代年轻人追求自由与个人价值实现，对生育持开放态度。随着女性自我意识的不断提升、学历教育延长，许多女性选择晚育甚至不育。同时，社会压力、生育成本等不断加大，导致年轻人对生育望而却步。课题组对育龄家庭的调查显示，家庭生育观念淡薄、高房价导致经济紧张、教育开支大、托育服务供给不足、工作压力大等是家庭生育意愿减弱的最主要原因。"放开了"仍然"不愿生"，表明政策限制只是"生育堵点"之一，担心"生得起、养不起、教不好"等是影响生育的更大"堵点"。

（三）社会婴幼儿照护供给能力不足

家庭小型化趋势明显，0~3 岁婴幼儿照护市场供给明显不足。

一是社会化托育机构数量少。宁波市卫健委公布的新增 3 岁以下婴幼儿照护服务机构和托位信息数据显示，2020 年，全市新增托育机构 37 家，社会兴办占比 21.6%，其余均是幼儿园办托，新增托位 1271 个，社会兴办新增托位占比不到 37%。

二是社会化托育的服务质量有待提升。以托育服务人员为例，目前服务人员以学历层次较低的保育员为主体。在人才储备方面，本地高职院校开设相关专业少且招生规模小。从业人员发展评定也存在问题，目前要求婴幼儿照护服务机构从业人员持证上岗，但持证上岗的证书类别并不明确。

（四）生育支持政策体系尚不完备

一是生育支持政策尚处于探索起步阶段，相对碎片化，协同性不够。2019 年 12 月，国务院办公厅发布《关于促进养老托育服务健康发展的意见》（国办发〔2020〕52 号），要求统筹考虑养老托育问题，根据 "一老一小" 人口分布和结构变化，科学谋划 "十四五" 养老托育服务体系。但在实际工作中，养老、托育分别由民政、卫健部门主管，要出台系统性的支持政策，还会涉及财政、发改、自然资源、住建等部门。从实践看，若各自推进，会造成扶持力度缩减、改革创新不足等问题。

二是已有的具体政策落实不到位。例如，男性陪产假 "落地难"、生育保险制度政策惠及面较窄等。2020 年 7 月，宁波出台《关于促进 3 岁以下婴幼儿照护服务发展的实施意见》（甬政办发〔2020〕42 号），旨在促进托育机构和托位在短期内出现较快增长，但与上海、深圳、成都等国内先进城市相比，政策力度还可以更大，具体措施还可以更细。

三、优化四大环境，推动宁波建设生育友好型城市

（一）优化制度环境，增强生育政策的系统性与协同性

一是做好生育政策调整的应对方案。立足当前实际，加强人口发展形势研究，研判放开三孩乃至今后可能实现的全面放开生育限制对全市经济增长、人口老龄化程度改善、社会和谐稳定、资源环境战略、基本公共服务等方面的影响，做好政策调整后人口变动测算，评估政策变动的社会风险，前瞻谋划需配套出台的文件，做好政策储备。研究制定更细密、扎实的生育配套支持措施。

二是统筹设计生育养老政策。制定城市人口长期发展战略，需统筹考虑"一老一小"两个问题，应对人口老龄化与提高生育率两条腿一起走路。加强多部门协调，加强卫生健康部门与民政部门的合作，细化具体工作，明确牵头部门，一些具体工作如社区、公共场所的适老化、适幼化改造等可以一体化谋划。

三是研究出台育儿奖补政策。进一步扩大孕前、孕产期健康服务费用优惠减免政策，参照韩国等发达国家做法，为1岁以下婴儿提供育儿补助，呼吁将0~3岁婴幼儿托育服务费用纳入个税减免额度，将3~6岁学前教育纳入义务教育体系，有效降低家庭生育、养育、教育成本。

（二）优化硬件环境，加快完善母婴空间和托幼设施

一是增建、改造升级足够数量、设施配置标准的母婴室。对照浙江省卫生健康委等下发的《关于加强母婴设施建设的指导意见》和《母婴室建设与管理规范》标准，确保全覆盖，结合文明城市创建、国家文化和旅游消费示范城市创建等工作，对一些设施简陋的母婴室进行改造提升，力争母婴设施建设走在全省、全国前列。

二是统筹规划婴幼儿照护服务设施。严格落实《关于促进3岁以下婴幼儿照护服务发展的实施意见》中"在新建居住区内，按每千人口不少于9个托

位的标准"以及"在老城区和已建成的居住区内，通过购置、置换、租赁等方式，按每千人口不少于 6 个托位的标准"，规划与建设社区婴幼儿照护服务设施及配套安全设施，并设置每千人口托位数的年度考核指标。对社区、公共场所进行适幼化改造，提供便利、安全、舒适的外部育儿环境。

三是试点开展"托幼一体化"工作。国内先进城市如上海、苏州等率先推进托幼一体化发展：上海提出到 2022 年"托幼一体园所在公民办幼儿园总量中占比不低于 50%"，苏州要求"新建、扩建幼儿园都要开设托班，无特殊原因不取消托班"。宁波目前仍处于"鼓励""提倡"阶段。建议尽早开展托幼服务一体化研究，选取若干学前教育资源相对富余、学位相对宽松的县（市、区）开展实践，探索建立托幼服务一体化新模式。

（三）优化服务环境，构建全方位婴幼儿照护服务体系

一是进一步推进相关放管服改革。简化审批流程和开设门槛，优化多元化的资金投入模式，将境内外优质婴幼儿服务资源引入宁波。建议由卫健部门制定托育机构准入标准和服务标准，将备案和监管进行一体化考虑。

二是加快探索建立社区托育服务平台。可借鉴北京等地做法，对社会资本参与老旧小区综合整治并开展托育、养老等服务业予以税费减免。

三是加强托育人才的培养。可借鉴湖南等地做法，将教育部幼儿照护等"X"职业等级证书作为从业人员培训的重要内容，支持院校建立中高本一体化的婴幼儿托育人才培养体系，在高职扩招中重点向婴幼儿托育专业倾斜。

四是完善生育保险制度。建立以基本医保为主体、以生育补贴等多种形式为补充的多层次家庭生育保障体系，增加产假和陪产假时间，鼓励医院开设儿科门诊、病房和月子会所，以服务质量、供给能力的双提高逐步拉动并实现适度生育水平。

（四）优化人文环境，营造积极婚育的社会氛围

一是保障女性尤其是育龄期女性的平等就业权利。一方面，加强对用人单位尤其是非公有制经济组织的约束，通过政策、法律手段加大对侵害生育主体劳动权益的惩戒力度，将育儿休假制度落实情况作为企业信用评价指标之一。另一方面，主动为用人单位减负，对用人单位有女职员休孕假、产假的，给予适当财政补贴，帮助用人单位分担员工婚育相关成本。

二是完善早期家庭育儿社会支持系统。对于育儿、养老等造成经济困难的育龄家庭，要建立帮扶机制；简化生育手续办理流程；全面开展家庭养育健康指导项目，依托街道、社区整合区域家庭服务资源，打造数字化的服务网络平台，为婴幼儿家庭提供科学养育指导。

三是加强宣传教育以转变婚育观念。在各级学校教育中加强家庭观念熏陶，将养老、托育、家政等作为开展劳动教育的重要范畴。各类新闻媒体要将敬老孝老、婚姻家庭以及优生优育进行整合性报道，打造和谐家庭文化。

宁波卫生职业技术学院　朱晓卓

宁波市社科院（市社科联）　陈珊珊

鄞州区法治乡村建设助推其经济
社会发展嬗变的经验启示

《宁波市法治乡村促进条例》于 2021 年 5 月 1 日正式实施，为高标准打造宁波市新时代全国法治乡村建设"启航地""先行地""示范地"提供坚实立法保障。近年来，鄞州区作为全国首批民主法治示范村创建地区之一，通过推进数字化改革、创新多元化法律服务、搭建三治融合大平台、发展新时代"枫桥经验"等重大举措，由点到线到面推进智慧、高效、民主、和谐的法治乡村建设，助推农村经济、社会治理、基层民主、政治生态等方面高质量发展，形成具有地域特色的实践经验，对于宁波市全面推进法治乡村、建设共同富裕先行市具有积极意义。

一、主要做法

（一）以数字化改革为切入点，高质量推进智慧法治乡村

一是掌上治村平台互通。鄞州区开发法律服务程序，实现与村务智治试点平台互联互通，推进法治乡村建设"整体智治"。例如，鄞州区云龙镇"掌上治村"平台，将"云课堂""村务听证""村务问政""村规民约""老林说法""老林调解"等纳入其中，通过"律云 online"法律服务程序，为村民提供"问律师""找调解""办公证""寻鉴定"等优质法律服务，目前线上询问法律知识、提供意见建议等已有 700 余人次。

二是云端说事线上自治。鄞州区通过"云端议事"组建线上村民自治圈，使村民说事、村务听证、村务问政、村民监督等场景线上开展，目前鄞州区云龙镇在"掌上治村"平台开展村民说事已有 600 余人次。

三是法律服务全时在线。"掌上治村""咸来 e 事"等村务智治试点平台为村民提供 24 小时人工服务，目前入驻平台的法律服务团队成员 25 人，注册账户的村民 1600 余人，在线累计实时咨询、鉴定伤情、办理公证等近 550 人次，实现"零跑动""不见面"在线服务。设置"庭院长制度""里弄长制度"，村民通过村务智治试点平台提出问题，相关庭院长、里弄长立即接手处理，及时解决问题。

（二）以创新多元化法律服务为增长点，高质量推进高效法治乡村

一是创新"三清单"运行法。针对基层公权力行使还存在程序不够透明、界定不够清晰、财务管理不够规范等问题，鄞州区根据农村实际情况，探索推行基层公权力"三清单"运行法，紧扣基层公权力行使关键领域、重点环节，建立健全立体化权力运行监督体系，撬动乡村治理大发展。

二是首提"双向提议法"。针对农村民生实事和经济社会发展中发现的短板问题和工作难点，鄞州区首次提出"双向提议法"，以"民生实事群众提、发展要事党委提"为抓手，通过倾听民意、专家分析、班子讨论、镇街预审、事后评估等决策"五步法"，确保每个项目都符合规定且体现民意。

三是首创"五小"工作法。针对农村工作细小繁多等特征，鄞州区首创"五小"工作法，即以"整编小分队、开好小会议、解决小问题、讲清小道理、管住小苗头"为主要内容，发挥"党建＋法治"引领作用。

（三）以搭建"三治"融合大平台为支撑点，高质量推进民主法治乡村

一是自治为基。依托"说事长廊""桥头说事会""六点半说事会""河埠头上说事会"等载体，实施村级民主恳谈、村民说事等民主自治形式，规范小微权力，广泛听取民意。

二是法治固本。严格依照法律法规和村规民约，增强依法决策、依法办事的自觉性。鄞州区高水平打造乡村振兴法治样板，民主法治示范村建设被视为三治融合创新的根本，截至2020年底，鄞州区已建成全国民主法治示范村（社区）4个，省级民主法治村（社区）44个，市级民主法治示范村（社区）129个。此外，通过"三治融合·民主法治"专项竞技赛，集中展示了一批基层法治建设特色经验，如陈黄村"五小"工作法、明伦村"轮值村官"、鄞州区公安分局"老潘警调三十六计"等。

三是德治润物。打造"义乡鄞州"品牌，组织广大乡贤参与乡村法治文艺汇演、道德宣讲。推动乡村德治"双清单一机制"模式全覆盖，成立村民道德评议委员会、村民道德执行委员会，营造德治建设的良好氛围。（见表1）

表1 鄞州区"三治"融合推进法治乡村建设的主要做法及具体内容

项目	主要做法	具体内容
自治	说事长廊	鄞州区遵循"群众聚集在哪里,阵地就覆盖到哪里"的建设要求,因地制宜,整合利用长廊、凉亭、文化礼堂、村落公园、村民说事室等已有建筑,配设统一的标识和牌匾。目前鄞州区说事长廊已有58个
	说事会	鄞州区深化落实"村民说事",创新说事议事制度,如回龙村"河埠头上说事会"、陆家堰村"六点半说事会"、陈黄村"桥头说事会"等
法治	民主法治示范村	作为全国首批民主法治示范村创建地区,鄞州区将民主法治示范村建设工作作为推进乡村法治建设、平安建设和新农村建设、实施乡村振兴战略的重要载体
	"三治融合·民主法治"专项竞技赛	各乡镇(街道)培育、推选优秀村(社区)现场打擂,总结、提炼各村(社区)民主法治建设经验,取长补短,对标提高。已经整理汇编村(社区)平安法治建设案例21个
德治	"义乡鄞州"品牌	鄞州区依托"乡贤库",组织乡贤助力鄞州区法治建设、道德宣讲,如横溪镇打造"乡贤微课堂",开展"乡贤说法"系列普法项目
	"双清单一机制"	鄞州区以"乡村德治20条"为主要内容,制定具体评分标准。已整理"正面清单"8条、"负面清单"8条、"执行机制"4条
	村民道德评议委员会、村民道德执行委员会	鄞州区成立村民道德评议委员会、村民道德执行委员会,设立道德基金20万元,按月逐季公布每家每户"双清单一机制"的得分情况,村里按分值发福利、定奖惩

(四)以发展新时代"枫桥经验"为着力点,高质量推进和谐法治乡村

一是凝聚微力,强化"枫桥式"队伍。将服务重心下移,纵向搭建"镇(街道)、村(社区)、格"三级流转的组织链,上下贯通、运转灵活。如冠英村首创"庭院长制度",西城村创新"里弄长制度",明伦村拓展"轮值村官"制度,石桥村率先开展"四员合一"活动,延伸网格触角,及时收集线索。

二是聆听微声,整合"枫桥式"资源。在乡镇级矛盾调处中心的指导下,民主法治村带头成立矛调站,探索法律调解助力减少纠纷的路径。由村级法律顾问和人民调解员组成公共法律服务团,实行"窗口坐班""在线服务",重点加强基层法治宣传、法律服务,着力推进基层组织依法决策、依法行政、群众学法用法,目前已为村民提供法律咨询、纠纷化解等服务1000余次。

三是化解微事,创新"枫桥式"机制。设置如"村务听证""村民问政"等

新型的解纷机制，以公开听证、公开问政的形式化解村里的"疑难杂症"，实现了"多维解纷、村务公开、民主监督"一举三得。

四是传播微课，强化"枫桥式"防控。推出"一月一主题"等品牌课堂，在"掌上治村"平台上开设云课堂，营造全村学法、守法的氛围。为小微企业提供"法律体检"，由村社法律顾问为决策提供法律风险评估，积极履行小风险防范的职责。（见表2）

表2　鄞州区新时代"枫桥经验"的主要做法及具体内容

项目	主要做法	具体内容
微力	法治带头人、法律明白人	鄞州区认真贯彻落实省、市有关"法治带头人""法律明白人"培育工作要求，结合自身实际，选育"法治带头人"350名、"法律明白人"692名，做到村社全覆盖
	庭院长	鄞州区云龙镇细化网格化管理服务层级，在"镇（街道）、村（社区）、格"三级架构下细分出"庭院"，每个网格长下面配有10名庭院长，对所辖区域的矛盾纠纷进行排查并及时向村（社区）、镇（街道）汇报线索
	里弄长	鄞州区瞻岐镇创新"里弄会"载体，在全镇351条里弄设立416名里弄长，明确"知情、巡查、监督、宣传、劝导、评价、反馈"等多项工作职责
	四员合一	鄞州区云龙镇创新推出"四员合一"工作模式，每名专职网格员将同时承担起调解员、普法员、协管员（辅警）以及网格员的工作，实现信息共享、平台共用的"四职一体"
	轮值村官	鄞州区五乡镇开展"轮值村官"制度，党员、村民代表轮流当"村官"，参与一天中所有村级事务活动。一周6位轮值村官，从周一到周六每人安排一天，一月一任期。轮值村官无薪资，无编制
微声	村级矛调站	鄞州区打造社会矛盾纠纷调处化解中心和18个村级社会矛盾纠纷调处化解工作站，实现矛盾纠纷"最多跑一地"的目标
	村级公共法律服务团	鄞州区由村级法律顾问和人民调解员组成的公共法律服务团实行"窗口坐班""网格普法"
微事	村务听证	鄞州区创新实施"村务听证"制度，制定《村务听证十八条》，将村民之间、村民与村集体之间的矛盾纳入"村务听证"的受理范围，为化解基层矛盾打造新平台
	村民问政	鄞州区创新实施"村民问政"，由村民代表、评分团、村镇区各职能部门负责人以及点评人员等对村委会、镇领导、各部门主要负责人围绕垃圾分类、占道经营、乱停车以及安全生产等进行问政
微课	"一月一主题"法治课堂	鄞州区云龙镇连续6年在镇内17个村（社区）、7所学校、1200余家企业开展一月一次集中上课的"一月一主题"法治课堂
	云课堂	鄞州区在"掌上治村"平台开设云课堂，给老百姓讲解法律知识
	法律体检	鄞州区针对小微企业开展小风险防范方面的法律服务

二、主要成效

（一）农村经济发展更有活力

鄞州区法治乡村建设让干部群众一起谋思路、想对策，合力推动农村经济高质量发展。在法治建设保障下，厂房改建、土地流转、公墓承包等农村改革纵深推进；土地经营权流转机制和服务体系不断完善，全区承包土地流转率达 85%；农村生活垃圾分类持续开展，覆盖率达 85%。到 2020 年，鄞州区农村居民人均可支配收入已达 39953 元，增长 9.2%；鄞州区村级集体经济经营性收入超过 10 万元的乡村已达 200 多个，覆盖率达 98%。

（二）农村社会治理更趋和谐

鄞州区法治乡村建设把法治的理念融入全过程，有力夯实社会治理的法律与道德底蕴。2015 年以来，鄞州区通过村民说事、村务听证、村务问政等手段，及时有效处置影响社会稳定的苗头性问题，其中每年村民说事化解矛盾纠纷平均调处率达 96%，20 多个矛盾复杂村、后进村得到整体提升。2020 年，鄞州区荣获浙江"平安金鼎"称号，首次入选中国最具幸福感城市（县级），并获评全国首批乡村治理体系建设试点示范区。

（三）基层民主更有保障

鄞州区把法治乡村建设具体化、规范化、制度化，真正把群众的民主权利落到实处。一方面，推进各村法律服务站规范化建设。2020 年以来，共接待法律咨询、公证办理、司法鉴定等服务 5500 余件（次），服务农村居民超过 20000 人次。另一方面，创新村务听证直播"云端议事"模式。2020 年以来，就农村环境整治、财务公开等问题开展直播 5 场，实时收集群众的法治需求 53 条，梳理整改意见 9 条。

（四）基层政治生态更为清廉

鄞州区法治乡村建设把谋划权、商定权、监督权交给群众，将小微权力晒在"阳光"下，使村干部用权办事有了紧箍咒、硬约束。鄞州区基层公权力"三清单"运行法为全国首创，获评"2020年全国创新社会治理典型案例"（最佳案例）。目前"三清单"运行法已在鄞州区201个建制村、290个股份经济合作社内推行，有效整合涉农资金8.25亿元。

三、启示建议

（一）总结推广有效经验做法

通过开展专题研讨、交流座谈等方式，将鄞州区创新实践的"三清单"运行法、"五小"工作法、"双清单一机制"、"老潘警调三十六计"等成功经验进一步做实做细做深做优，总结提炼形成完备的体系架构和运行机制，强化组织体系、平台载体、技术支撑等保障，形成可复制、可推广的经验模式，在全市推广，并积极向上级部门汇报推介。

（二）持续推进民主法治改革创新

通过改革的思维和办法来破解难题，持续推进宁波市法治乡村建设，特别是要坚持问题导向，着力推进数字化改革、优化多元法律服务、搭建三治融合平台、发展新时代"枫桥经验"等方面的民主法治改革，以点带面形成一批具有创新性、示范性的重大标志性法治成果。

（三）加快构建法治乡村大格局

借鉴鄞州区的经验做法，进一步推进机制改革和制度创新，推动法治乡村向纵深发展。加快贯彻落实《宁波市法治乡村建设促进条例》，紧抓乡村法治建设关键环节，弥补法治资源短板，强化规范标准弱项、巩固议事说事优势，构建智慧、高效、民主、和谐的法治乡村建设大格局。

宁波市社科院（市社科联） 邵一琼

鄞州区司法局 徐莹莹

宁波建设数字化国际油气
资源配置中心的对策建议

宁波油气产业现实条件优越，产业基础雄厚。但与新加坡等先进的国际油气能源贸易中心相比，宁波在基础设施、贸易交易、综合服务等方面仍存在一些问题和短板，数字化程度亟待提升。宁波要抢抓自贸区建设机遇，利用云计算、大数据、人工智能、物联网、5G、区块链等数字技术，利用优越的港口区位、基础设施和产业集群等条件，打造集能源化工品仓储服务、交易服务、融资服务、数据服务等于一体的数字化油气产业新生态，建设数字化国际油气资源配置中心。

一、宁波油气产业条件优越

（一）宁波港原油到港量位居全国前列

我国原油储量有限，需求强劲，进口依存度70%以上。2019年，全国原油进口5.06亿吨，到港量4.37亿吨，宁波居进口原油港第一梯队，年进口原油到港量占全国的11.3%。在原油储运方面，宁波原油泊位设计年通过总能力8301万吨，原油储罐172座，储油能力1521万立方米，原油外输管道4条，总长度209.73千米。拥有库容40万立方米的（折合232万桶）上期所指定交割油库。

（二）液化天然气（LNG）和液化石油气（LPG）接收储运能力强，进口规模大

宁波已投运浙江LNG接收站一期项目，接卸能力600万吨/年，2019年接卸量527.05万吨，接近全省用气总量的50%；加上规划建设的穿山北LNG接收站、大榭穿鼻岛LNG接收站等项目，宁波LNG接收能力将超过1600万吨/年，成为华东LNG重要登陆点。宁波LPG生产集中，具备接收和储运能力，镇海炼化日产LPG1550吨，大榭石化也有一定的产量。宁波LNG和LPG进口居全国前列，2020年LNG进口477万吨、LPG进口308万吨，分别占全国的10%、16%。

（三）重点固体化工品产能国内领先

宁波拥有 3100 万吨 / 年的原油一次加工能力，形成镇海、北仑、大榭三大石化产业集聚区，产业规模居全国七大石化产业基地前列。ABS（丙烯腈 - 丁二烯 - 苯乙烯塑料）、PTA（精对苯二甲酸）、MDI（二苯基甲烷二异氰酸酯）、聚丙烯、聚苯乙烯等重点产品产能国内领先。拥有千亿级企业 1 家、百亿级企业 7 家、十亿级企业 25 家，一批国际 500 强企业和行业龙头企业投资建厂，培育了一批优秀的固体化工品生产加工和进口企业，形成国有、外资、民企协同发展格局。仓储物流成本低，集装箱码头成熟，建成危化品堆场、危化品专用仓库等设施。同时，宁波建成 6 个期交所期货指定交割仓，PTA、PPE（聚丙乙烯）、PPC（聚甲基乙撑碳酸酯）、ABS、MDI 等化工品交易量全球领先。

（四）液体化工品进口和产能优势明显

宁波是液体化工品重要进口口岸，主要品类进口位居国内前列，2020 年液体化工品吞吐量 1800 万吨，占全国的 16%。宁波港区拥有 5 万吨级以上液体化工品和液化气码头 20 个，镇海港区是全国吞吐量最大的单体液化品公共码头，液化油品吞吐量超过 1000 万吨。宁波港是全国最大的甲醇卸货港，占全国的 19.6%；苯乙烯卸货量仅次于江阴，占全国的 18.2%；乙二醇仅次于张家港，占全国的 18.7%。液化 MDI、苯乙烯、乙二醇等的产能达到百万吨级水平，并拥有浙江唯一一家苯乙烯期交所指定交割厂库。

二、宁波能源贸易存在的问题

（一）行业政策创新不够，产业发展动力不足

浙江自贸试验区一期已在舟山落地，获批大量首创性、突破性的政策，舟山利用这些政策加速油气进口、储运、加工、贸易、交易、服务全产业链

发展，在原油储存、原油炼化、原油及成品油贸易、船用燃料油加注等方面形成了先发优势。在非国有贸易原油进口、成品油出口资质及配额、保税燃料油加注许可、保税燃料油混兑调和加工贸易及其出口退税业务、原油国储与商储相结合的储油机制等方面，宁波的政策力度仍有欠缺，需要积极向上级政府部门争取支持。

（二）基础设施数字化程度不高，整体效能发挥受限

大码头、大仓储、大物流才能支持大贸易。宁波油气码头和仓储空间不足，以液化品为例，宁波进口量大且是主要卸货港，由于码头、仓储等制约，后续贸易存在瓶颈；仓储罐区用地审批难，仓位少，小型仓储企业被取缔，码头、仓储两大硬件设施短板导致贸易成本提升，亟须通过电子口岸、数字化交易平台、数字监管机制建设提高效能。

（三）数字化交易平台缺乏，制约行业做大做强

国际上领先的能源贸易中心和国际能源贸易巨头大多利用数字化技术，打造基于能源贸易的区块链数字平台，将货物交易流程数字化，延长整个贸易的生命周期。宁波目前的能源交易平台大多采用传统模式，数字化程度不高，数字化转型不快，交易效率和透明度及数据的安全性不高，导致平台的规模、辐射力和影响力小。

三、宁波建设数字化国际油气资源配置中心的对策建议

（一）数字赋能，优化油气资源交易流程

一是加快数字化改造，提高交易安全性。利用大数据、人工智能、物联网、5G等数字技术，增强油气产品入库、库存、出库、运输信息的客观性和真实性。运用区块链技术实现时间戳溯源，确保线上数据的真实性、唯一性和可追溯性。通过数字技术解决控货问题，利用智能识别技术实现库存数据

自动获取,避免主观判断可能带来的误差。

二是借力金融科技,提高融资效率。以仓单资产的未来现金流为底层资产,将仓单资产证券化,形成金融机构可接受的标准化金融资产。提升风控质量,提高融资效率,为金融机构提供可信仓单资产。基于区块链、物联网等技术支持,探索与全国仓储企业合作进行仓库认证和仓库信息对接,形成"电子仓单""货权凭证""发售凭证",协助凭证发行企业或者持有企业对接银行、券商、保险等金融机构,使企业获得金融机构的融资支持。

三是强化大数据支撑,实现无缝监管。推进生产、仓储运输等全流程信息化、智能化管理。对大榭、镇海、北仑等重点化工园区、液体化工仓储罐区等重点区域,开展重大危险源视频监控、数据监测、预警分析、预警管理、预警信息发布及数据处理等全流程安全监管。

(二)发挥自贸区优势,争取油气产业政策创新

一是加快争取政策支持。全力争取舟山现有原油进口资质、燃油保税供给、成品油出口、保税油品混兑等资质配额政策落地宁波,将船用液化天然气作为船舶燃料纳入国际航行船舶燃料加注资质管理并可享受保税政策,试点开展船用 LNG 加注业务。

二是探索商储、国储轮动机制。整合既有原油国储库和商业库,建立国储与商储相结合的灵活高效的储存体系和运作模式。放宽油品进出口资质和配额限制。赋予符合条件的非国有贸易经营企业原油进口和成品油出口资质及配额。

三是实施货物状态分类监管,推动金融创新。将分类监管政策延伸到保税物流中心、油气和液化品保税储罐,允许保税与非保税油气产品和液体化工品同罐共储,提高储罐周转率和利用率。开展油品贸易跨境人民币结算便利化、本外币合一账户等试点,探索离岸贸易税收政策及高端人才税收优惠激励政策。

（三）整合资源，构建综合性的数字化服务平台

一是搭建综合服务平台。有效整合国内外资源，以宁波油气化工优势特色品种为核心，对接宁波及全国具有影响力的仓储物流资源、国内外期货交易所及相关交割仓库，搭建以数字化技术为支撑的专业化、综合性数字化服务平台。重点包括现货价格信息服务、数字化交易交收、数字化供应链金融、数字化招商引资、数字化信息采集和发布，以及相关法律支援、人才培训等服务。

二是优化交易交收服务。整合宁波大宗商品交易所（简称甬商所）、液体化工品交易中心等平台资源，依托油气领域大型国企、上市公司、龙头民企共同组建油气产品交收服务平台，提供交易交收、仓储、质检、结算、信息指数、供应链配套及数据服务等一站式全方位服务。力争实现原油、燃料油、LNG 及其他化工品在宁波交割，推出具有宁波特色的聚丙烯、乙二醇、苯乙烯等化工期货产品线上交易，推动开展油气、化工品期货保税交割、异地串换交割、电子仓单便捷注册、仓单交易、异地流转、期现仓单互认互换、仓单质押融资等业务功能。

三是构建油气产业生态体系。通过数字化服务平台，有效集聚国内外产业资源，推动企业项目落地。对仓储机构、金融机构、保险机构、期货机构进行整合，推动仓储、物流、报关、货代、金融等产业配套服务的发展，形成"期货和现货联动、贸易和融资结合、国际资源和国内市场对接"的良性发展局面，构建高效、便捷、开放的国际油气产业生态体系。

四是完善能源产业配套措施。依托服务平台，拓展仓储服务、物流运输服务、商品检测服务、保险服务、保税加油服务，以及石油化工产品的加工、分装服务等产业配套服务，提升集聚国际油气产业企业的软实力。

（四）抢抓新基建机遇，提升油气产业设施数字化水平

一是布局提升油气储运设施。推进宁波舟山 LNG 接收中心、算山油品储运基地、大榭原油储备库等项目，运用数字技术升级储备库，建设油气及液

化品、固化品、特种化学品的数字型仓库，开展原油、汽油、柴油、航空煤油、液化气等储备，提升资源配置能力，建设国家级油气储备基地。

二是推进油气设施标准化改造。运用新兴科技对传统设施进行改造，形成油气行业新型基础设施，推动油气码头、仓储厂库、油气管道等设施数字化转型升级，鼓励各类主体按国际标准参与投资建设或改造升级油品、化工品接卸泊位、储运罐区、输油管道。推进自贸区港口岸线使用审批，提高中转、仓储及传输能力。

三是推动数字经济与油气全产业深度融合。结合关键场景，建设一批数字仓库、智慧炼厂、智慧管道、智慧加油站等，将企业海量数字资源转换为商业价值。推动数字化过程安全管理，对仓储、运输、交易、交收的油气产品进行智能高效的仓储定位、物流跟踪、货品追溯。

宁波大学　　张海波

宁波市社科院（市社科联）　谢瑜宇

宁波保税区发展研究中心　李　宇

宁波高水平建设港口型国家
物流枢纽的几个重点问题

2019 年 9 月，宁波—舟山港口型国家物流枢纽成功入选国家物流枢纽建设名单。在双循环发展战略背景下，宁波要围绕锻造港口"硬核"力量，充分把握国际港口物流枢纽竞争发展态势，做大做强港口枢纽规模与功能，强化国家战略资源配置能力，培育特色港航物流服务业态，推进智慧化、数字化港口物流提升发展，高水平建设具备"硬核"力量的港口型国家物流枢纽，为加快建设现代化滨海大都市奠定坚实基础，为保障国家供应链安全做出宁波贡献。

一、关于全球港航竞争态势

（一）全球港航竞争态势

综观全球港口竞争演变格局，亚太地区经济贸易快速发展，国际航运资源向亚洲地区尤其是中国进一步集聚，国际航运中心东移趋势明显，主要表现为四个方面。

一是全球港口码头扩能加剧。新加坡规划建设大士港，总吞吐能力达6500万标准箱（TEU），一期工程于2016年开工。上海正研究制定新一轮战略目标，力保世界第一集装箱大港龙头地位。

二是船舶大型化趋势明显。集装箱船船型已经从第1代发展到第6代，东西向航线基本被1.4万TEU以上船舶主导，世界最大集装箱船装载达到2.4万TEU，我国正在研究建造2.5万TEU集装箱船。

三是全球航运市场高度垄断。全球航运三大联盟2M、Ocean、THE占据全球80%以上运力市场，主导超大型集装箱船舶运力投放。

四是智慧化、数字化趋势加快。自动化、数字化成为改变港口竞争格局的重要动力，世界经济论坛预测区块链技术有望减少20%的物流费用，为全球贸易节省1万亿美元成本。

（二）对宁波打造港口型国家物流枢纽的重要影响

这些竞争态势，对宁波打造港口型国家物流枢纽带来深远和重大影响。

一是在全球港口码头扩能竞争态势下，国际港口地位"不进则退"。宁波舟山港集装箱虽然跻身世界第三，但与第一、第二的差距还很大，必须顺应码头扩能加速、船舶大型化发展趋势，保持集装箱吞吐量快速增长，否则就可能被边缘化。

二是在全球航运市场高度垄断态势下，全球航运中心建设"短板凸显"。虽然宁波港口吞吐量位居全球前列，国际船舶每天高密度进出（400艘/天），但港航物流资源配置能力与国际港航物流服务中心相比还有较大差距，高端航运服务业发展滞后。宁波亟须立足国家供应链安全发展大局，推进港航物流业突破发展，提升国家战略资源配置能力。

三是在自动化港口发展态势下，智慧港口建设"时不我待"。受新冠肺炎疫情影响，自动化码头相对于传统码头表现出对抗环境冲击的强劲韧性。要打造"硬核"力量的港口型国家物流枢纽，宁波亟须加快自动化码头建设，促进港口供应链上各种资源和参与方之间的无缝衔接和协调联运，打造高效、安全、绿色的智慧港口。

二、关于做大做强港航物流规模体量

打造港口型国家物流枢纽的首要问题，仍然是做大做强港口集装箱和货物吞吐量规模，全面形成"通道＋枢纽＋网络"发展格局。

（一）打造三大千万级集装箱港区

加快推进梅山港区二期、大榭招商国际二期等现代化集装箱泊位建设，打造穿山—北仑、梅山—六横、大榭—金塘等三个千万级集装箱泊位群，打造港口型国家物流枢纽核心区。推进北仑老旧码头整合改造，优化调整港区功能布局，促进集装箱码头连片化、专业化、集约化运营，大型集装箱专业化泊位达到40个。力争2025年港口集装箱吞吐量实现3500万TEU，到2035年达到5000万TEU。

（二）实施"四沿"腹地联动策略

拓展港口腹地，重点实施沿海、沿江、沿路、沿河等"四沿"战略。

一是沿海联动。联动浙东南沿海温台两港和浙北环杭州湾嘉兴港等两翼"喂给港"，加快外贸内支线发展，进一步强化宁波舟山港枢纽功能。

二是沿江拓展。加强太仓、南京、武汉、重庆等长江沿线核心物流节点布局，打造长江沿线主要港口与宁波舟山港之间的快速通道，织密长江中转航线及内贸航线网络，强化对长江沿线港口货源控制力。

三是沿路贯通。加快建设甬金铁路、杭州湾货运铁路专线等项目，拓展双层高箱集装箱海铁联运线路，规划建设一批铁路"无水港"，拓展辐射中西部的南北两条海铁联运网络，打造内陆省份的新出海口。

四是沿河覆盖。充分发挥镇海港区对接内河港口的作用，提升杭甬运河通航能力，加快余姚、城西等内河港区建设，推进钱塘江中上游、杭甬运河沿线散杂货海河联运通道体系建设，培育集装箱海河联运业务。

（三）提升国际供应链管理能力

一是推进国际中转集拼业务发展。加快推进梅山、穿山港区一体化发展，推动与国际大型拼箱货代合作，优化中转集拼通关监管程序，吸引中转集拼货物到宁波舟山港中转，打造东北亚国际集装箱中转中心。

二是支持国际供应链服务业平台建设。推进宁波数字贸易港、易豹智能通关平台、"一带一路"全程国际供应链综合服务平台建设，提升跨境贸易效率和综合服务数字化水平。

三是积极推进港口物流体系海外拓展。支持在境外布局跨境电商物流基地，加强优化物流解决方案、集成物流资源等手段，开展以公共海外仓为特色的境外配送服务，发展出口贸易全过程的物流服务。

三、关于强化重要战略资源配置功能

打造港口型国家物流枢纽的核心问题，是要充分发挥自贸区政策优势，主动服务国家大宗商品及能源安全战略，以油气全产业链为核心，推进大宗商品储备与期货交易发展，加快发展国际冷链物流等专业物流，提升港口物流枢纽的配置功能。

（一）打造国家油气储备基地

推进大榭原油地下洞库、东华能源 200 万方液化石油气（LPG）地下洞库以及穿山北液化天然气（LNG）接收站等项目建设，实现油品储运能力达到 3000 万吨 / 年、LNG 接收中转能力达到 1000 万吨 / 年。以油气、化工品等为重点，开展原油、汽油、液化气等储备业务，建设化工品分拨中心，打造成为国家级油气储备基地。加快发展集油气生产、储运、贸易、服务于一体的油气全产业链，努力建设新型油气能源贸易中心，力争到 2025 年油品贸易总额突破 3000 亿元。

（二）打造大宗物资期现结合交易平台

基于现货交易和贸易服务平台的发展，深化与上海期货交易所、大连商品交易所等国内期货、现货交易平台的合作，共同建设大宗商品期现一体化交易市场。依托大宗商品储运基地优势，探索国际大宗商品期货交割业务，使期货、现货交易逐步覆盖矿石、油品、煤炭等多货种与多领域，增强市场交易活力。

（三）打造国家骨干冷链物流基地

依托宁波水产、肉类、水果进口的口岸优势，推进梅山冷链物流基地建设，新增冷库容量 40 万立方米。推进冷链查验和储存一体化建设，完善口岸查验相关基础设施，搭建国际冷链供应链平台，打造国家冷链骨干物流基地，打造全国第四大进口肉类口岸，力争到 2025 年宁波口岸肉类及水产品进口量达到 50 万吨。

四、关于推进高端港航物流资源集聚发展

打造港口型国家物流枢纽要补强的突出"短板"，是推进高端港航物流资源集聚发展。

（一）做大航运企业主体

支持宁波远洋、宁波海运等航运企业新增船舶运力、优化船舶运力结构、使用节能减排型船舶，提高水运企业货物运输周转量水平。引导中小海运企业通过合资合作、兼并收购等方式实现规模化发展。引导一批有实力的骨干水运企业实施"走出去"战略，开辟沿海运输和国际运输业务。吸引国内外航运物流龙头企业落户，使全球班轮公司在甬区域总部实现零的突破。力争到 2025 年营业运输船舶总运力达 1500 万载重吨。

（二）做优高端海事服务

引进国内外船舶外供龙头企业，支持经认定的外供企业在锚地开展保税油加注、LNG 加注、船用物资与生活物资供应等国际船舶供应业务。建设国际航行船舶保税油供应基地、低硫燃料油资源和仓储分拨中心，提高国际船舶保税油供应服务能力。加快建设"国际船员服务中心"，完善功能性配套服务设施，发展船员培训、教育和管理服务。提升船舶交易规模和影响力，加快打造国际船舶交易基地。力争到 2025 年外轮供应货值突破 200 亿元，基本建成全国领先的国际船员服务基地。

（三）做强高端航运服务

创新航运融资服务，支持金融机构开展船舶融资租赁等特色业务。支持东海航运保险公司发展壮大，加大航运保险险种开发力度，争创航运保险创

新中心。完善"海丝"指数体系，深化与波罗的海航运交易所等国际航运机构合作，加快"海丝"航运大数据中心建设，打造全球知名的航运、贸易指数发布中心。打造宁波东部新城国际航运中心，发展港航物流企业总部经济。

五、关于推进智慧港口物流建设与发展

打造港口型国家物流枢纽的重要动能，是推进港口物流枢纽基础设施数字化升级，形成一批设施先进、智能化程度高的智慧港口、临港物流园区和仓储设施。

（一）搭建港航物流大数据中心

按照"一中心、两平台、一生态"总体规划，加快建设港航服务数据中心，搭建政府监测分析平台和市场应用服务平台，打造港航服务大数据生态系统。推动数据的共享和协同，不断升级平台功能，丰富平台的应用场景，构建有宁波辨识度的标志性工程，助力打造流通最顺畅、成本最低廉的国际航运和物流枢纽城市。

（二）加快建设智慧港口

充分运用5G、云计算、北斗导航等自主可控技术，推进梅山港区等码头基础设施数字化升级改造，打造自动化码头群。推进港区内自动驾驶集卡物流体系建设，探索将自动驾驶技术应用从港区扩展到港口集疏运过程，加快港口物流无人驾驶规模化商业应用，建设港口智能集疏运体系。对标全球最先进系统，加快升级宁波舟山港的码头生产操作系统（n-TOS）、生产业务指挥中心、运营管控与决策分析系统。

（三）推进物流园区数字化改造

运用物联网、人工智能等技术，支持临港物流园区内企业建设无人叉车、无感通行等应用场景，实现物流园区作业自动化、设施数字化、管理智能化。

支持有条件的物流园区和企业搭建一站式智慧仓储系统，建设云端调度、智能分拣、多仓协作的智能共享仓。支持梅山、北仑等跨境电商园区建设或改造智能化仓储物流中心，利用信息互联网和设施物联网推动物流园区全面接入，打造智慧型港口物流园区。

宁波财经学院　伍婵提

（2021年度宁波市哲学社会科学规划课题研究成果）

打造新时代美丽城镇
建设共同富裕先行市

美丽城镇建设是新型城镇化建设和城乡融合发展的集成与深化，是小城镇建设的高质量发展现代版，也是建设共同富裕先行市的重要抓手。课题组在深入调查研究的基础上，总结回顾了"十三五"时期宁波市美丽城镇建设的基本现状和存在不足，研究提出了宁波市"十四五"时期高质量发展美丽城镇的对策建议。

一、重要意义

（一）实现共同富裕的关键环节

促进城乡深入融合发展是宁波建设共同富裕先行市的一项基础性、标志性任务。中心城区周边、城乡接合部以及部分偏远乡镇，也是宁波市推动共同富裕的相对薄弱环节。美丽城镇建设，在形态上是促进城乡融合发展、缩小城乡形态差距的枢纽节点，同时也是促进以人为核心的新型城镇化、缩小城乡居民收入差距的重要抓手。

（二）打造美丽宁波的重要载体

"十四五"期间，宁波要积极建设美丽中国先行示范区，关键是构建集约高效的美丽国土空间，打造美丽大花园。推动美丽城镇高质量发展，就是要全面提升小城镇环境质量，推进生态修复、有机更新，打造具有吸引力的人居环境高地，形成全域大花园格局。

（三）构建新发展格局的重要抓手

城市空间要素紧缺的局面越来越严峻，迫切需要将城镇纳入区域发展大格局，通过整体统筹推进空间重构、功能重塑、形态重组，加快构建中心城区及城镇协同发展的新格局。高质量建设美丽城镇，有利于优化发展环境，更好集聚和配置资源要素，培育经济发展新动能，为高质量发展注入新活力。

二、基本现状

经过近些年的不懈努力，宁波 112 个乡镇全部通过浙江省小城镇综合环境整治考核验收，小城镇步入高质量建设美丽城镇阶段。

（一）发展现状

一是城镇环境呈现新面貌。持续开展小城镇环境整治行动，将小城镇整治与美丽乡村建设、美丽公路建设、历史文化（传统）村落保护、村庄景区化创建等结合，达到"整治一个乡镇、带动几个村庄、连成一片美景"的目标，实现了由镇区美向村庄美、全域美拓展。

二是基础配套呈现新提升。通过实施厕所革命、污水革命、农贸市场改造、休闲步道和停车场建设等举措，城镇综合承载能力大幅提升。积极推进城乡基本公共服务均等化，有效破解人民群众上学、就业、就医、社会保障、文化生活等方面的难点问题。

三是产业富民呈现新气象。积极推动城镇三次产业融合发展，一系列举措促进城镇居民收入水平提升，城镇居民就业率保持高位，城乡居民收入比由 2017 年的 1.8∶1 缩小到 2019 年的 1.77∶1，农民人均收入增长率已连续16 年高于城镇居民收入增长率。

四是基层治理呈现新样板。坚持"共建共治共享"推进城镇建设，涌现了众多鲜活的基层治理创新案例，如在全省率先探索社会资本参与的智慧停车管理系统、宁海大佳何镇的垃圾"智分类"、鄞州云龙镇的"时间储蓄"银行卡、江北庄桥街道的"巧手驿站"、镇海骆驼街道的桥下空间"以用代管"模式等。

（二）存在问题

一是顶层规划设计有待优化。近几年，城际铁路、城市轨道交通、快速路网等重大交通基础设施建设方面的提速发展，在一定程度上重构了城镇区位价值。目前，宁波的城镇体系布局、功能定位、产业方向等都存在许多不匹配之处，需要根据新的形势加强顶层设计、科学规划，推动美丽城镇规划和建设因势利导、因时而变。

二是均等化公共服务标准有待提升。从调研看，目前宁波城镇基础设施总体水平较高，但是对照共同富裕先行市的目标要求，公共服务差距较大，特别是在城郊和偏远城镇，教育、医疗、文化、商贸等服务设施还不健全，对低收入群体的帮扶服务体系还较薄弱。

三是特色产业培育发展有待加强。部分基础较好、重点打造的特色小镇，产业发展已经步入正轨。但还有相当多的城镇，产业基础较薄弱，引入产业难，留住好产业更难，规划的主导产业与城镇资源优势不匹配、竞争力不强、培育路径不明确，"一镇一业"的发展格局没有真正建立。

四是辐射吸纳功能有待增强。当前，宁波部分城镇小而散的特点突出，特别是联结城市和乡村的枢纽功能发挥不充分，对都市人口的疏解以及对农村人口的集聚不够，对城市优质公共服务的承接以及对乡村的辐射带动不够。

三、对策建议

（一）优化城镇发展布局

一是优化城镇区划格局。按照建设现代化滨海大都市的目标要求，优化宁波城镇格局，对符合设镇条件的乡推进"撤乡设镇"调整。探索对常住人口规模较大、城镇化水平较高的部分都市节点型和县域副中心的城镇进行"撤镇设街"调整，对规模相对较小的乡镇进行适度合并或调整。

二是加强规划引领作用。进一步优化县域城镇体系规划，高质量编制县域行动方案和城镇行动方案，依托乡镇资源禀赋，对标美丽城镇建设的市节点型、县域副中心型、特色型、一般型城镇等类型，找准发展定位。

三是强化镇村生活圈布局。以居民需求为核心，突出补短板，提升公共服务和公共资源的配置水平，重点推进 5 分钟、15 分钟、30 分钟生活圈配置。

（二）强化优势产业支撑

一是加快形成特色产业。找好各城镇产业发展的差异化路径，分类引导小城镇发展，努力形成"一镇一业"的发展特色。

二是积极打造优势产业平台。以产业园区整合为契机，注重与宁波市高能级产业平台的协作配套，优化城镇工业布局，推进镇域产业集聚，在有条件的城镇打造优势产业集聚区。

三是大力发展新业态。适度提高城镇产业门槛，因地制宜培育发展数字经济、乡村旅游、生态康养、农事体验、文化创意等新业态，增强美丽城镇发展新动能。

（三）深化城镇环境整治

一是推进城镇秩序精细化治理。重点加强道路交通违法行为查处，规范出行秩序，加大乡镇集贸市场改造提升，规范违规经营、乱设摊点等行为，加强老旧小区提档整治，积极推进镇中村、镇郊村和棚户区改造，支持有条件的城镇规划建设未来社区。

二是推进乡容镇貌常态化建设。实施"百镇样板、千镇美丽"工程，提升城镇绿化水平，因地制宜构建公园绿地系统，健全地面保洁长效机制，强化公共水域综合整治，力争恢复坑塘、河湖、湿地等各类水体的自然连通。

三是推进人文环境品质化提升。积极发掘城镇文化资源，强化文化传承创新，保护古遗址，更新老街区，修缮老建筑，改造老厂房，加强各类非遗的挖掘与传承，打造一批非遗体验项目。

（四）完善基础设施配套

一是提升交通便利度。畅通对外交通体系，实现城镇与重要对外交通节点、周边城镇的快速接驳；加快"四好农村路"建设，合理布局绿道网和慢行交通系统，打造精美示范绿道。

二是加强优质商贸配套供给。积极培育和引进连锁便利店或连锁超市，合理布局金融服务、邮政、快递等网点，实现 5 分钟社区生活圈全覆盖，因地制宜建设商贸特色街。

三是升级城镇信息化设施。积极推进 5G 建设，全面建设智慧城镇，推进"城市大脑"向小城镇延伸，积极打造数字城镇。

四是健全市政公用设施。加强供水、供电、供气、供热、污水和垃圾处理等基础设施建设，统筹城乡基础设施建设，推动中心城区基础设施向乡镇、农村延伸，推进城乡道路、供水排水管网和污水处理设施有效衔接，建设宜居城镇、海绵城镇、韧性城镇。

（五）加强公共服务供给

一是提升医疗健康服务水平。全面推进县域医共体建设，力争较大城镇医共体成员单位具备二级乙等以上医院医疗服务能力，加强跨区域优质医疗资源共享。

二是促进城乡教育资源优质均衡发展。加快推进义务教育学校标准化建设，推动城市知名学校和城镇中小学联合办学，积极发展"互联网＋教育"，优化共享数字教育资源。

三是加大优质养老服务多元化供给。完善以居家为基础、社区为依托、机构为补充、医养结合的养老服务体系，大力推进城镇养老服务机构公建民营和连锁化、品牌化发展，积极开展智慧健康养老服务试点。

四是强化公共文化供给质量。统筹推进文化信息资源共享工程、数字图书馆推广工程、公共电子阅览室建设计划三大数字工程，推动农村文化礼堂建设可持续发展。

（六）提升居民生活品质

一是提高居民收入水平。以共同富裕为目标，完善重点群体就业支持体系，加强城镇就业困难人员就业培训，托底就业安置和帮扶。实施城镇低收入群体同步基本实现现代化行动，完善城镇低收入群体动态精准管理。促进镇村集体经济发展壮大，推行"镇村联建统营"模式，深化"镇产结合"专项行动，培育稳定的经营性收入来源。

二是提高基层治理水平。深入推进"最多跑一次"改革向镇村延伸，深化"县乡一体、条抓块统"改革，发展新时代"枫桥经验"，深化"村民说事"、村级小微权力清单等制度，推进城镇高水平"三治融合"，健全各种预警和应急机制，提高应对公共突发性事件的能力。

三是提升居民文明素养。加强社会主义核心价值观的宣传引导，常态化开展城镇精神文明建设，深化文明城镇、文明家庭创建，构建镇村新时代文明实践体系。

浙大宁波理工学院　吴　燕

（2021年度宁波市哲学社会科学规划课题研究成果）

相关地区建设全球海洋中心
城市的做法动态及工作建议

近年来，上海、深圳、青岛、大连等城市相继提出了建设"海洋中心城市"战略目标，并通过地方海洋经济发展"十四五"规划等文件予以明确。《浙江省海洋经济发展"十四五"规划》提出，要联动宁波、舟山建设海洋中心城市。海洋中心城市是一个综合性概念，是海洋城市和中心城市的深度融合，关键是要有领先的海洋核心竞争力，在一定区域内发挥枢纽作用。国内几个相关城市的目标举措各有特色，了解把握其做法动态，对于宁波更好地编制实施海洋中心城市建设的规划方案，具有一定的参考意义。

一、相关城市建设全球海洋中心城市的做法动态

（一）上海

战略目标：上海把全球海洋中心城市建设、"五个中心"建设、国际化大都市建设并列作为上海建设卓越全球城市的"四梁八柱"，提出建设全球海洋中心城市的目标是当好全球海洋中心城市建设的排头兵和先行者，力争在世界海洋城市网络体系中处于第一层级、保持领先地位，形成与国家海洋强国战略和上海全球城市定位相适应的海洋事业体系。

战略辨识度：上海在国际航运和全球城市影响力方面具有突出优势，打造全球海洋中心城市重点凸显了"国际航运中心＋全球海洋治理"两大辨识度。一方面，上海继续提升全球航运服务发展能级，引领带动长三角及长江沿线港口协同发展，着力推进全球港航合作发展，打造"国际航运中心"金字招牌。另一方面，上海充分发挥全球城市影响力，包括金融、知识产权、海事、涉外商事等专业领域司法和仲裁作用，积极参与国际海洋标准制定，推动更多海洋行业标准、管理标准成为国际标准，定期举办全球海洋中心城市论坛，打造全球海洋中心城市"软实力"。

战略路径：在航运服务、海洋经济、海洋科技、海洋生态、海洋治理等方面，上海统筹谋划了一系列重大工程。尤其是在海洋科技创新方面，力争到2025年实现在海底探测与开发技术、极地海洋科学、海洋智能装备等关键领

域和受制于人的环节取得重大突破。

（二）深圳

战略目标：深圳发布《关于勇当海洋强国尖兵 加快建设全球海洋中心城市的决定》，提出"到 2025 年成为我国海洋经济、海洋文化和海洋生态可持续发展的标杆城市和对外彰显'中国蓝色实力'的重要代表"，"到 2035 年，重点提升在亚太地区海洋领域的影响力，基本建成全球海洋中心城市；到本世纪中叶，实现海洋发展达到全球一流水平，全面建成全球海洋中心城市，成为彰显海洋综合实力和全球影响力的先锋"。

战略辨识度：深圳在海洋战略性新兴产业和城市综合治理方面拥有突出优势，深圳海洋新兴产业在全市海洋产业中的占比为 31%。为支撑全球海洋中心城市建设，深圳重点凸显了"海洋经济 + 海洋治理"两大战略辨识度。一方面，海洋经济突出"产业 + 科技 + 金融"三轮驱动，重点引导和推动海洋新兴产业和海洋科技创新加速发展，加快设立深圳海洋大学、中国海洋大学深圳研究院等教育研究机构，推动海洋金融、港口航运开放合作，推动设立国际海洋开发银行。另一方面，在海洋综合治理领域，深圳抓住建设中国特色社会主义先行示范区的契机，成立深圳市全球海洋中心城市发展委员会，聚焦海洋综合管理领域，创新海洋规划和管理体制机制，构建世界级绿色活力海岸带，打造国际滨海旅游城市，在海洋城市治理创新方面先行先试。

战略路径：深圳开展深入调研，出台了建设全球海洋中心城市的五年实施方案，推出了创建一所国际化综合性海洋大学、打造一个全球海洋智库等"十个一"工程和 65 个重点项目。

（三）青岛

战略目标：青岛市"十四五"规划纲要提出，到 2035 年青岛将"以全球海洋中心城市昂首挺进世界城市体系前列"，"以全球城市网络和海洋城市网络为坐标，深化国际城市战略，突出海洋优势，彰显海洋特色，持续提升在全球海洋中心城市中的能级"。

战略辨识度：青岛的最大优势在于海洋科技创新资源。青岛汇聚了国内一流的海洋高校、科研院所及海洋高端人才，拥有约占全国1/5的涉海科研机构、1/3的部级以上涉海高端研发平台，涉海两院院士人数在全国占比达到27.7%，有全国唯一的国家海洋科学试点实验室、国家深海科考基地，涉海科研机构、国家实验室、高水平人才等三项指标均排名全国第一，国际领跑技术在全国占比达到44.4%。为支撑全球海洋中心城市，青岛重点凸显了"海洋科技"战略辨识度，加快建设中科院海洋大科学研究中心、海洋工程研究院等国字号海洋创新平台，推进海洋领域基础研究、技术创新和成果转化，在透明海洋、超算中心、蓝色药库等领域实施国家重大科技工程，形成国家战略性海洋科技力量。

战略路径：青岛正对标上海、深圳等城市出台有关政策和改革举措，制定出台青岛加快建设全球海洋中心城市的指导意见和实施方案，提出了四大重点任务，分别是创建国际海洋科技创新中心、做优做强现代海洋产业体系、建设深远海开发战略保障基地、打造海洋命运共同体示范区。

（四）大连

战略目标：大连提出建设区域性"海洋中心城市"，主要目标分为两个阶段——到2025年，建成中国北方重要的海洋中心城市，海洋经济增加值比2018年翻一番；到2035年，建成东北亚海洋中心城市，海洋经济实现高质量发展。

战略辨识度：大连重点凸显了东北亚区位优势、海洋生态资源优势，将打造"大气磅礴兼具时尚浪漫气质的海洋中心城市"作为海洋城市辨识度。在大力提升航运中心能级、发展现代海洋产业的同时，加强海洋生态文明建设，强化海洋污染综合防治和生态修复，全面提升海洋综合管治能力，积极参与"一带一路"建设与全球海洋治理。

战略路径：成立了加快建设海洋中心城市领导小组，由市委书记、市长任组长，市委、市政府印发《大连市加快建设海洋中心城市的指导意见》，组建海洋中心城市建设智库，明确了海洋中心城市建设的五大核心任务及阶段目标。五大核心任务分别是提升东北亚国际航运中心能级、高质量发展现代海洋产业、建设海洋科技创新高地、加强海洋生态文明建设、全面提升海洋综合管治能力。

二、宁波建设全球海洋中心城市面临的突出问题

全球海洋中心城市，不仅指传统意义上的贸易中心和货运物流中心，而且是海洋城市发展的高级阶段，应兼具全球城市、海洋城市、中心城市三大特征。相比而言，宁波建设全球海洋中心城市仍然面临一些突出问题。

（一）中心城市极核功能不够强

按照对全球城市排名最知名机构"全球化与世界城市研究网络"（简称GaWC）的评级结果，2020年，宁波被定位为高度自足城市（Sufficiency+，即世界四线城市）。总体来看，宁波城市能级不够高，都市区建设进展不够快，对周边区域的辐射力、带动力不够强。由于宁波城市规模和交通枢纽地位不强，严重制约了创新、金融、商业、文创等高端要素的集聚和城市极核功能的发挥，以海洋金融、海洋信息、海洋技术为代表的现代海洋服务业发展滞后，缺乏全球海洋资源配置的"定价权""话语权"，港口经济圈建设进度较慢，对重要战略资源的配置能力较弱，对周边海洋经济的辐射力、带动力不够强。

（二）海洋中心城市辨识度不够高

从新加坡、伦敦、汉堡、纽约等城市的建设经验来看，每个全球海洋中心城市都有独特的辨识度，可以表现在航运、金融、科技、贸易、能源、海事、文化等方面。从现实看，宁波港口吞吐量连续12年保持全球第一，但是港航服务的综合实力和影响力并不强，同时也缺乏具有全球辨识度的涉海产

业集群、海洋科技创新、海洋资源配置、国际海洋治理等功能。宁波如何与舟山协同发展，打造独具特色的标志性海洋中心城市元素，需要进一步研究与明确。

（三）海洋中心城市核心支撑不够硬

在产业支撑方面，宁波海洋产业发展主要依赖港航物流、滨海旅游等海洋传统资源型产业，海洋新兴产业占比较低，涉海龙头企业非常缺乏，标志性海洋产业发展平台的规模和特色不足。在科技创新支撑方面，国家级海洋科技创新平台（国家级科研机构和国家级重点实验室）以及院士、杰出青年等领军人才非常缺乏。在港口硬核支撑方面，港口的智慧化、数字化、绿色化水平还不够高，航线网络和集疏运体系有待优化，与国内外港口的联盟、协作有待拓展。

（四）海洋中心城市推进力度还不够大

海洋管理力量仍有待加强，宁波自然资源和规划局加挂宁波市海洋渔业局的牌子，但内设处室及人员编制较少，市里成立了海洋经济工作专班，但是人员专业结构和运行机制都有待优化。建设全球海洋中心城市的规划和专项行动计划尚未出台，虽已出台港航服务业补短板政策，但是支持海洋经济发展的一揽子系统性政策还不够完善。尚未召开全市专项会议并出台相关决定，相关部门和地区发展海洋经济的意识有待提升，海洋中心城市建设与共同富裕先行市、甬江科创大走廊、城市大脑等重大部署及重大项目的深度融合还不够紧密。

三、工作建议

（一）加强组织领导，统筹推进全球海洋中心城市建设

进一步完善全市海洋经济工作领导小组运行机制，加强同舟山的协同对

接，充实海洋经济工作专班力量，优化人员专业配置，构建形成推进海洋中心城市建设领导格局和组织框架体系。加强督查考核，明确考核指标体系和办法，将全球海洋中心城市建设纳入相关单位和地区的考核范围。各县（市、区）、重点开发区要加强对海洋中心城市建设的领导，将海洋中心城市建设纳入中心工作，制定相关实施细则。将海洋中心城市建设融入杭甬"双城记"、甬舟一体化发展、甬江科创大走廊建设、自贸区建设、中东欧合作、数字化改革等重要领域，把海洋中心城市建设作为建设现代化滨海大都市、高质量发展建设共同富裕先行市的重要抓手。

（二）加强谋划研究，明确全球海洋中心城市建设路线图

组建海洋中心城市建设智库，对宁波建设全球海洋中心城市的发展目标、功能定位、重点任务、指标体系、政策体系、体制创新等进行系统研究。特别要加强对宁波建设海洋中心城市特色和突破重点的研究，避免面面俱到，做到可操作、能实现。加快编制宁波海洋中心城市建设的总体规划和行动方案，细化年度行动任务，明确阶段性实施目标、重点任务、重点项目、实施主体和各项保障措施。市级有关部门和县（市、区）、重点开发区要确定本部门、本区域的工作目标与工作重点，制定相关的实施细则。

（三）加强项目推进，提升全球海洋中心城市辨识度

聚焦彰显城市海洋特色和软实力，重点围绕构建现代海洋产业体系、强化全球海洋要素联结、推进海洋科技创新发展、推进海洋文化交流等方面，谋划一批具有宁波辨识度的标志性重大改革、重大政策、重大平台、重大工程，以项目建设推进具体工作。加快推进五大千万级集装箱泊位群、"四港"联动、国际航运物流产业集聚区、海洋新材料重点实验室、自贸区油气产业链、海洋领域单项冠军企业、渔港经济区、海洋资源交易平台、中国海洋经济博览会、中国"航海日"等标志性项目或工程的建设。

（四）加强上下联动，共建全球海洋中心城市良好氛围

密切关注国家、省级政策导向，加强与国家、省级相关部门的工作对接，把建设全球海洋中心城市纳入宁波各级政协委员的工作重点。适时召开全市海洋经济发展或全球海洋中心城市建设推进会议，组织各类媒体对宁波建设全球海洋中心城市予以积极报道，发动企业、市民为海洋中心城市建设献计献策，提高社会主体参与的积极性。举办与海洋经济和海洋中心城市建设相关的高级别论坛、博览会、节庆等，提升影响力和知名度。

宁波工程学院　许　燕

（2021 年度宁波市哲学社会科学规划课题研究成果）

关于创新完善部门『一把手』任职
全周期监督的建议
——基于江北区实践探索的调研

加强"一把手"监督，是实现"一把手"和领导班子依规依纪依法履职的保障措施，是推进"关键少数"引领带动"绝大多数"的重要手段。2021年3月《中共中央关于加强对"一把手"和领导班子监督的意见》出台后，宁波市迅速贯彻落实，市委理论学习中心组专题学习，提出要推动宁波监督体系建设和干部监督工作走在前列，并制定完善了一系列配套文件。近年来，江北区围绕加强"一把手"监督，从上任"交底"、任中监督、离任评价等环节入手，对部门"一把手"任职全周期监督开展积极探索，取得良好成效，其相关做法经验值得借鉴。

一、上任有"交底",严格落实部门"一把手"第一责任人职责

江北区压紧压实新任部门"一把手"党风廉政建设第一责任人职责,做深做优"三交底"廉政谈话标准化体系,促使部门"一把手"上任伊始就把主体责任牢牢抓在手里、扛在肩上。

一是在 2017 年首创"三交底"廉政谈话制度,由区纪委书记对新提拔或转重的区直部门"一把手"在其任职一个月内,就"三清单"开展"一对一"廉政谈话,加快促进部门"一把手"主体责任落地落实。

二是持续完善"三交底"廉政谈话标准化体系,制定实施《关于对新提任党政主要负责人开展"三交底"廉政谈话的试行办法》,并结合"一件事"集成改革,推出廉政谈话"三清单"多部门联动收集"一件事"制度,进一步规范、统一对区直部门新任"一把手"廉政谈话的各个环节、各项内容。

三是推动"三交底"向基层延伸,制定出台《江北区规范开展基层"三交底"廉政谈话实施细则》,率先将"三交底"廉政谈话从区直部门"一把手"向部门所属的基层站所"一把手"延伸,督促基层站所"一把手"自觉做到依法用权、秉公用权、廉洁用权。

目前,江北区部门"一把手""三交底"廉政谈话标准化体系逐步完善,制度不断创新,成效显著。自推行集成性改革以来,截至 2021 年上半年,江北区共对 52 名部门新任"一把手"、187 名基层站所"一把手"实行"三交底"廉政谈话,共交底问题 796 个、廉政风险点 639 处。相关经验做法得到省、

市领导的批示肯定，作为《加强对"一把手"和领导班子监督的配套"21 项制度"》的第 10 项制度在宁波市全面推广，并作为全市唯一经验入选《全国纪检监察监督工作实践探索》（中国方正出版社 2018 年版）一书。

二、任中有监督，全面开展部门"一把手"常态化分析研判

江北区持续推进部门"一把手"监督机制创新，开展常态化分析研判，实现对部门干部队伍建设和党风廉政建设、作风建设等更为科学、精准的分析判断。

一是创新常态化分析研判机制。创新建立党风廉政建设"一把手"分析研判机制，区委主要领导经常性约谈党政领导和下级"一把手"，"背靠背"分析研判部门"一把手"履职尽责情况，并提出针对性意见；率先建立履责清单管理机制，每年为区直部门党委（党组）及其"一把手"量身定制个性化"一清单·一记录本"。

二是完善常态化分析研判内容。全面掌握廉情状况，每半年制作《区管领导班子政治生态和领导干部廉情状况分析报告》，以此实施精准的部门"一把手"政治生态全方位"体检扫描"；定期述责述廉，每年选取部分部门"一把手"向区纪委全会或区纪委常委会（扩大会议）进行述责述廉专题报告；建设数据化档案，将全区所有部门"一把手"廉情状况纳入平台管理。

三是确立常态化分析研判标准。制定实施《江北区落实全面从严治党主体责任评价细则》，督促"一把手"全面负起整改落实第一责任人职责；实施廉政三色提醒，对部门"一把手"廉政问题进行"红、橙、黄"三色实时提醒。

目前，江北区部门"一把手"常态化分析研判制度通过一系列具体的机制、内容、标准等集成创新，对"一把手"作出了全面、具体、数据化的监督管理规定，增强了对部门"一把手"履职监督的针对性、有效性和可操作性，确保从多个方面以制度管住管好"关键少数"。2019—2021 年，江北区对部门"一把手"进行述责述廉评议达 26 人次，124 个意见建议全部得到整改与反馈。

三、离任有评价，认真做好部门"一把手"离任后跟踪评估

江北区针对"一把手"离任监督过程中发现的短板问题和工作难点，借鉴领导干部任期经济责任审计模式，在全市首创部门"一把手"廉政责任离任评价制度，确保其在任期内不留糊涂账、历史账。

一是强化信息收集，加强与组织、信访、政法等部门的沟通对接，充分发挥纪律监督、监察监督、派驻监督、巡察监督作用，通过驻点调研、检查抽查、个别谈话、查阅资料、明察暗访、听取汇报等形式，画好"一把手"政治图像，开展分析评估。

二是开展专项检查，对其任职期间所在单位的党风廉政建设、作风建设、政治生态情况及党委（党组）履行主体责任、个人履行第一责任人职责、廉洁自律等情况，组织力量在其离任后进行考核评价，督查该"一把手"是否履职尽责、是否遵规守纪、是否廉洁自律等。

三是强化结果应用，从正向、反向两个维度给予全面翔实的客观评价，作为下一次"三交底"廉政谈话的重要内容，呈送区委主要领导并抄报给区委组织部门，存入其个人廉政档案，为今后干部选拔任用提供参考。

总的来看，江北区廉政责任离任评价制度紧盯关键少数，全方位了解掌握部门"一把手"党风廉政建设情况，不断探索完善，形成部门干部监督的完整闭环。这项制度有利于督促部门"一把手"带头遵守执行全面从严治党各项规定，主动开展监督，自觉接受监督，发挥廉洁自律示范表率作用；有利于部门"一把手"带头完成全面从严治党主体责任任务分工及责任清单，压紧压实"一岗双责"和"第一责任人"责任；有利于督促部门"一把手"当好"施工队长"，重要工作亲自部署、重大问题亲自过问、重点环节亲自协调、重要案件亲自督办，以上率下管好班子、带好队伍、抓好落实，以"头雁效应"克服责任"衰减效应"。

四、启示建议

一是要不断创新完善。对标《中共中央关于加强对"一把手"和领导班子监督的意见》、《省委贯彻落实〈中共中央关于加强对"一把手"和领导班子监督的意见〉的十三项实施意见》、市委《加强对"一把手"和领导班子监督的配套"21项制度"》，学习借鉴广州"一把手"监督十项措施、上海"四责协同"等外地先进经验，把部门"一把手"监督作为干部监督的重中之重，推动权力规范运行，实施有效制约监督，带动对部门领导班子和"绝大多数"的监督，加快构建部门"一把手"任职前谈话提醒、任职中分析研判、任职后跟踪评估的监督闭环，实现全周期、全流程、全覆盖。

二是要加强总结提炼。通过开展专题研讨、交流座谈等方式，将江北区创新实践的部门"一把手"分析研判、新任"一把手""三交底"廉政谈话、部门"一把手"廉政责任离任评价机制等成功经验进一步做实做细做深做优，总结提炼形成完备的体系架构和运行机制，建立健全科学有效的制度体系，不断丰富普遍适用的方式方法，助推宁波市形成系统性、全面性、经常性的干部监督格局。

三是要积极推广实施。让江北区部门"一把手"监督的改革和制度创新，形成可复制、可推广的经验模式，在全市推广，并积极向上级部门汇报推介，推动宁波市监督体系建设和干部监督工作向纵深发展，为加快建设现代化滨海大都市营造风清气正的政治生态。

宁波市社科院（市社科联）　邵一琼　童明荣

关于宁波建城 1200 周年的
合理表述

关于宁波建城年代的确定，不仅是宁波方志不可或缺的重要内容，也是宁波城市对外宣传工作的重要依据。由于每座城市形成的具体历史背景条件不同，在各历史时期的地位和作用不同，最后实际确定"始建年代"的前提条件、标准和依据，也往往有所差异。通过查阅大量方志文献和参考北京、天津、上海等城市关于确定城市始建时间的通行做法，我们认为，将公元 821 年确定为宁波建城元年，是具有较强说服力的。但在表述上，需要建立一个合理的体系。

一、关于辨识建城元年的主要标准

在开展历史文化名城评选时，对于城市的始建年代，往往从多个方面予以辨识，其中主要有以下三个标准。

（一）以该城市实际文物遗存的发现与考证为主要依据

重点是对该城市现存的、由历史时期形成的基本空间结构与具体形成年代进行确认。这种空间结构与形态，对该城市产生重大影响，并一直存在。比如，虽然一般将唐代设立"华亭县"作为上海城市建制的开始，但在上海博物馆展出的出土文物结合史料考证，把这座城市的文明史追溯到了 6000 年前。还有，过去说湖北襄阳建城史是 2800 年，新发现凤凰咀遗址中的古城墙和护城河却有 5000 多年历史，这就把襄阳的城市发展史向前推进了 2000 多年。

（二）以该城市历史地位最高的时代为主要依据

比如北京，就是以大一统帝国首都的形成年代，作为城市始建年代（元大都始建于 1264 年）。但采用这种依据的往往也会结合第一种方式，即对于此前该地区的历史，也会有个交代。因此，在提到北京历史文化名城时，往往这样表述："北京是有着 3000 年历史的国家历史文化名城，有 700 多年的建都史。"而上海作为国家历史文化名城的价值和历史文化遗存，主要还不在元、明、清时期所建的老县城所在区域，而是在近代开埠后的外滩等上海老县城外北部地区的广大区域。所以，在判断上海城市历史的主要特征时，往往会说："上海是中国最有代表性的近代化城市。"

（三）以该城市古代设置州、府、县时间为主要依据

这是以我国古代的行政制度与城市制度作为判断依据。古代各地在设置州、府、县时，往往会按照制度要求和客观条件，建造官僚的治所，即"子城"。子城当然与罗城不同，但许多历史城市的始建年代，往往以此为准。比如上海，即以元至元二十八年（1291年）政府把上海镇从华亭县划出，批准上海设县之时，作为上海建城之始。天津实际上也是一座近代化程度很高的城市，它的始建年代，则以1404年天津卫的设置时间为准。

把2021年作为宁波历史文化名城建城1200周年，是以唐长庆元年（821年）明州州治从小溪迁移至三江口并筑子城，作为宁波城市的始建年代。从上面归纳的三类城市始建年代确定标准来看，宁波城市始建年代的认定，综合考虑了第一类和第三类。

二、宁波建城元年与城址的考证结论

尽量往历史久远的年代溯源，往城市地位高的时代靠拢，并作为价值判断标准，常常成为一种普遍的社会心态。但在宏观历史视野下，理性客观地认知与表述一座城市的始建年代、明确其城址，有助于我们精准认识这座城市的历史和文化。

（一）宁波建城史梳理

据《宁波市志》记载，周元王三年（前473年），勾践筑城于句余，改称句章（今江北城山渡一带），此为今宁波境内有城之始。

公元前221年，秦统一六国，分天下为36郡，今宁波市境内设有鄞、鄮、句章、余姚四县，为境内最早行政区划记载。

东晋隆安五年（401 年），刘牢之为拒孙恩，筑土垒于三江口，是为宁波开发之始。

唐武德四年（621 年），原句章、鄞、鄮三县地析置鄞州，是为宁波建州之始。

唐开元二十六年（738 年），分越州立明州，设治于小溪（今鄞州鄞江桥）。

唐长庆元年（821 年），经奏朝廷准，刺史韩察迁州治至三江口，筑子城，是为宁波建城之始。

明洪武十四年（1381 年），为避国号，朝廷以"海定则波宁"之意改明州府为宁波府，是为宁波名称之始。

（二）对城址的历史考证证明宁波建城元年应为公元 821 年

明州设立时间是唐开元二十六年，按照当时制度，一般在设州的同时建立州治。与《宁波市志》记载不同，根据对相关文献记载的考证和分析，明州初设时的州治应设在今三江口一带，具体位置大概在今开明街和中山路交叉口的北侧，靠近现在姚江的地方。姚江是现在对所在河流整体的统一称呼，历史上姚江各个段落名称各异，三江口这一段曾经称为"鄞江"。

公元 821 年，韩察提出明州州治与鄮县县治互换所指的鄞江，不是后来小概念的鄞江（今海曙区西部），而是对三江口河段的统称。因此，治所互换，具体就是把设置在今天鼓楼公园路一带的当时的鄮县县治，换到位于开明街北段的明州州治。开明街与中山路（曾经称东大路、西大路）原来是丁字路口，北侧即后来的鄮县（后来称鄞县）县治，明代往西迁至现海曙区政府所在地。

明州初设时（738 年）的州治，就在这次治所互换后消失了，对后来的宁波城市格局也没有产生大的影响。所以，再以此作为宁波三江口州、府所在地建城的起始点，就缺乏实际遗存依据。而韩察新建明州子城后，州治（包括后来的宁波府治）的位置历经唐、宋、元、明、清五朝 1000 多年一直未变。唐末明州刺史黄晟在任期间（共 18 年），修建了罗城，但具体修建于哪一年，尚无法确定（虽然有少量纪年砖发现），一说是唐乾宁五年（898年）。

综上所述，把公元821年作为宁波建城的元年，是按照对后世宁波城市格局影响较大的鼓楼公园路子城作为城市中心与遗存依据而确定的。

此外，宁波三江口中心区域拓殖的开始时间，实际上是很早的。但以州级行政区域的设立来衡量，则最早只能确定在唐开元二十六年（738年）。此前只存在4年的鄮州，是不宜成为依据的。而州级行政单位确定以前的县级行政单位，确实有句章、鄮县的治所和聚落在三江口中心区域存在和发展，但只能作为后来明州、庆元和宁波州、府级中心城市建设发展的"前奏"。

三、关于宁波建城史表述语的建议

根据以上分析及参考其他城市（如北京等）对本地区历史过程与建城起始年代的表述方式，建议对宁波发展历史与建城起始年代作如下表述：

宁波是我国东南沿海重要港口城市，长三角南翼经济中心。以河姆渡文化、姚江句章故城、三江口州府级中心城市为代表性历史文化依据，宁波是拥有8000年人类活动史、2500年港口发展史、1200年中心城市建设史的国家历史文化名城。

宁波市文史研究馆首批馆员　邬向东

推进宁波市新兴服务贸易
跨越发展的对策建议

服务贸易是外贸高质量发展的重要指标，是宁波开放强市建设的重要支撑，而数字贸易、版权交易等新兴服务贸易则是提升外贸发展水平的新增长点和重要动力。针对宁波新兴服务贸易规模不够大、竞争力不够强、政策不够完善等问题，要把握新兴服务贸易发展趋势，学习借鉴先进地区的发展模式和做法经验，在主体培育、特色打造、体制创新、政策完善等方面多措并举，推动宁波市新兴服务贸易量质齐升，建设服务贸易强市。

一、宁波市新兴服务贸易发展现状

（一）总量不断扩大，但规模占比较小

世界贸易组织（WTO）界定了服务贸易的 12 大领域，除建筑及相关工程服务、旅游及旅行相关服务、运输服务属于传统服务贸易外，其余均属于新兴服务贸易。2020 年，宁波市新兴服务贸易领域进出口总额为 500.54 亿元，占浙江省新兴服务贸易进出口总额的 17.53%，位居全省第二，同比增长11.36%，比服务贸易整体增速高出 3.69 个百分点，比传统服务进出口增速高出 6.9 个百分点。但宁波新兴服务贸易占对外贸易的比重仅为 4.6%，与杭州、上海、深圳等地相比都存在较大差距。

（二）结构不断优化，但竞争力不强

宁波新兴服务贸易占服务贸易的比重从 2017 年的 42.7% 增长到 2019 年的 48.84%。2020 年，新兴服务出口规模最大的是计算机和信息服务，出口额为 232.52 亿元，占全市服务贸易出口额的 33.43%，已经成为宁波服务贸易出口第一大行业。个人、文化和娱乐服务与电信、计算机和信息服务（离岸服务外包）出口累计增长最快，同比分别增长 23.45% 和 20.92%。加工服务贸易进出口额同比增长 18.86%。其他商业服务占服务贸易的比重达到 17.54%，同比增长 5.59%。但其他商业服务中如研发成果转让及委托研发服务、技术服务等技术密集型高附加值服务产业，受制度、技术、人才和文化等基础因素

的制约，发展相对较慢，整体竞争力不强。

（三）市场不断开拓，但发展支撑不足

2020 年，宁波市服务贸易业务覆盖全球 198 个国家和地区，较上一年新增 3 个国家和地区。从外汇管理局国防收支统计（BOP 统计）口径数据来看，宁波与中东欧 16 国和"一带一路"沿线国家及地区的服务贸易增长速度较快，尤其是文化服务贸易。2020 年，宁波与 33 个中东欧国家和"一带一路"沿线国家及地区开展文化服务贸易出口交易，出口额占全市文化服务出口总额的 13.97%。但是，当前宁波专门从事新兴服务贸易业务的企业不多，经营主体数量较少，龙头企业尤其缺乏。以服务外包产业为例，当前宁波从事国际服务外包业务的企业数量较少，截至 2019 年仅有 267 家企业从事离岸业务。

（四）综合政策较多，但精准力度不够

近年来，宁波相继出台了《宁波市人民政府加快外贸转型升级推进外贸强市建设的若干意见》《宁波市人民政府关于加快发展服务贸易的实施意见》等综合性政策发展服务贸易。在专项政策上，仅在宁波市获得中国服务外包示范城市后，相应配套出台了服务外包的专项扶持政策。而周边城市如杭州、苏州、南京、上海等在列入全国全面深化服务贸易创新发展试点名单后，出台了支持新兴服务贸易的创新政策。相比这些城市，宁波在新兴服务贸易发展的政策支持上力度稍显薄弱，特别缺少操作性强、扶持力度大的专项政策。

二、相关城市发展新兴服务贸易的五大模式

（一）新产业带动模式

贵阳充分发挥大数据产业优势，推进数字化贸易和贸易数字化发展，特别是以"大数据＋新兴服务外包""大数据＋医疗康养服务""大数据＋国际会展服务""大数据＋文化体育服务"等领域为重点，积极开拓新兴服务贸易

出口市场。以服务外包为例，2020 年，贵阳市服务外包接包合同执行额达 4.4 亿美元，同比增长 84.5%，其中离岸接包执行额同比增长 19.1%，在岸接包执行额同比增长 136.3%。信息技术外包执行额从 2016 年的 0.0673 亿美元增至 2020 年的 2.645 亿美元，增长了约 38 倍。

（二）新平台拉动模式

杭州通过搭建"浙江数字服务贸易云展会"平台，助力新兴服务贸易企业采用数字化手段开展精准营销、开拓国际市场。"浙江数字服务贸易云展会"平台开设数字城市服务、动漫游戏、中医药服务、影视文化、数字教育、智慧零售、IT 通信技术和数字金融等新兴服务贸易多个领域的行业主题展，将线下的产品和服务引导至线上展览展示，通过全年全天候展示，为中国企业和国外买家的贸易及信息交流提供一站式服务。2021 年 1—5 月，杭州新兴服务贸易出口额为 42.2 亿美元，同比增长 26.4%，比 2019 年同期增长 40.7%，占全市服务贸易出口额的比重为 85.9%，远高于传统服务贸易的增长率。

（三）新模式联动模式

成都市立足于自身技术优势和资源优势，积极培育新兴服务贸易新模式，助推新兴服务贸易发展。比如，创新"保税 +"服务贸易模式，推进生产要素保税、保税维修发展，已成为全球航空保税维修和平板电脑维修的重要集聚地。再如，着眼于传统领域与新兴领域融合，发挥"川戏、川灯、川景"等传统特色优势，创新发展演艺、教育、出版、中医药、体育、餐饮等特色服务贸易。2019 年，成都新兴服务贸易进出口额达到 187.2 亿元，同比增长 27.5%；技术型、知识型、智力型服务贸易占比不断提升，服务贸易结构更加优化。

（四）新技术驱动模式

青岛市积极依托大数据、物联网、移动互联网、云计算等新技术，大力引进人工智能头部企业，打造国际领先的海尔卡奥斯等工业互联网平台，在高端装备、智慧家居、纺织服装、汽车等行业推广模块定制、众创定制和专属定制，满足国际用户个性化需求，聚集了 3.4 亿用户和 390 多万家生态资源，为新兴服务贸易要素加速互动耦合、创新发展提供一站式服务。2020 年，青岛"电信、计算机和信息服务"出口增长 17%，"维护和维修服务"出口增长 83%，研发、技术、专业管理咨询等"其他商业服务"出口增长 11%。

（五）新政策促动模式

苏州市出台商务高质量发展政策和"开放再出发"政策，明确数字贸易、知识产权服务、检验检测服务等七大新兴服务贸易重点发展行业，着力加强对服务贸易新业态、新模式和数字贸易的支持，强化对服务贸易新兴行业出口、企业开拓国际市场、引进先进技术等方面的支持，鼓励开拓服务外包重点领域离岸业务，并专门制定政策，认定与支持一批服务贸易创新发展示范基地、发展集聚区和出口基地。这些政策对苏州新兴服务贸易发展作用十分明显。2020 年，苏州市文化和娱乐、维修和维护、知识产权、金融、保险、商业、电信计算机和信息等新兴服务行业的进出口额超过 100 亿美元，占服务贸易总额的 75% 以上，同比上升 10 个百分点。

三、加快宁波新兴服务贸易发展的对策建议

（一）壮大主体，拓展市场

一是培育壮大市场主体。加强对新兴服务贸易重点企业的扶持，在服务外包、数字服务、技术贸易等领域引进和培育具有较强国际竞争力的龙头企业业总部企业，在文化、跨境电商领域着力培育主业突出、技术模式创新的中坚型企业，在金融、保险、维修和维护等领域培养具有独特竞争优势的中小型服务贸易企业，助力其"精、专、新"发展，形成宁波新兴服务贸易企业完善的生态系统。

二是打造新兴服务品牌。整合资源，培育若干具有较强国际影响力的新

兴服务品牌；大力支持有条件的新兴服务企业"走出去"，打造"一带一路"的"宁波服务"品牌标识；加大品牌宣传推广力度，对获得全球、全国性奖项或评级的企业给予扶持与奖励。

三是利用新技术开拓市场。引导新兴服务企业运用 5G、VR、AR、大数据等技术，充分利用中东欧国家博览会、中国进出口商品交易会、中国国际进口博览会等平台，提升线上线下开拓国际市场的能力。

（二）强化特色，集聚发展

一是加强优势产业特色发展。利用全国服务外包示范城市优势，立足宁波基础优势，以宁波国际航运物流集聚区为主要载体，加快构建国际航运枢纽和国际供应链创新中心，依托国家跨境电商综合试验区政策优势，推动跨境电商与外贸综合服务企业融合发展，支持中小微企业开展跨境电商 B2B、海外仓出口等业务。

二是加强特色行业集聚发展。充分发挥宁波数字经济及资源禀赋优势，大力发展数字平台服务、数字技术服务（云服务）和数字内容服务，大力发展国际商贸和专业服务总部，做强软件信息服务业、人工智能、大数据产业，支持金融机构布局海外市场，促进"互联网 +"金融服务出口。

三是加强新兴行业创新发展。深化绿色金融改革创新，发展碳排放交易。加快在自贸区宁波片区探索促进新兴国际贸易发展，积极开拓保税展示、保税交易、融资租赁等新兴业务。推动以数字技术为支撑、高端服务为先导的"文化 +"整体出口。鼓励和支持各行业企业基于新技术的创新应用探索新模式、新业态，通过融合创新加快国际服务市场开拓。

（三）创新体制，优化服务

一是完善数字化口岸服务体系。依托国家交通运输物流信息平台宁波综合示范区建设，加快推进数字港口、智慧物流建设，着重推动港口数字化基础设施、数据联通、系统集成、智慧通关、智慧仓储、智慧运输体系建设，打造高水平数字化口岸服务体系。

二是优化通关监管流程。探索建立适应服务贸易发展的口岸通关模式，加快服务贸易通关一体化改革，建设具有国际先进水平的国际贸易"单一窗口"，实行高度便利化措施。

三是完善"负面清单"管理模式。完善跨境交付、境外消费、自然人移动等模式下服务贸易市场准入制度，逐步放宽或取消限制措施，在航运物流、资金流动、信息跨境、人员流动等方面探索建立相应的事中、事后监管制度。

四是创新跨境便利举措。围绕解决资金、人才、信息等方面的跨境问题，支持本土金融机构开展跨境投融资业务，提升离岸贸易结售汇便利度，为服务贸易高级人才提供签证便利，为科研机构访问国际自然科学网站、跨境电商企业直接访问境外经济网站提供帮助。

（四）完善政策，强化保障

一是加强政策保障。制定细化服务贸易专门领域专项政策，加强对新兴服务贸易重点领域的支持和引导，创新新兴服务贸易便利化政策。发挥财政资金引导作用，优化扶持方式，由单一的奖励调整为项目补贴、贷款贴息、土地优惠、奖励配套等多种方式。设立新兴服务贸易创新发展引导基金，引导社会加大对符合产业导向的新兴服务贸易企业的支持力度。

二是加强人才保障。加快服务贸易中高端人才引进，引导在甬高校加强服务贸易高端人才、技能人才培养，增设服务贸易教学课程，推动产教融合。

三是加强服务保障。以行业龙头企业、服务贸易产业园区和相关中介机构为依托，搭建研发设计、知识产权保护、信息服务、检验检测、文化创意、金融会展、跨境电商、人才培养等方面的公共服务平台，为宁波新兴服务贸易企业提供共性服务支撑。

浙大宁波理工学院　王山慧

（第五轮宁波市社会科学研究基地成果）

提升宁波市优秀传统文化
进中小学实效的对策建议

党的十八大以来，习近平总书记多次强调要传承和弘扬中华优秀传统文化。2021年1月，教育部印发《中华优秀传统文化进中小学课程教材指南》。近年来，宁波优秀传统文化进中小学校园工作取得了一定成效，但也面临着一些现实难题，要从组织领导、形式创新、内容建设、师资培育等多方面着手，进一步提升优秀传统文化进中小学校园的实效性。

一、宁波推进优秀传统文化进中小学的典型模式

近年来，宁波市针对中小学教育的实际情况，在解读国家指导文件的基础上，有序推进优秀传统文化进中小学，形成了一些颇有成效的模式。

（一）以学校为主体试点化推进

鄞州区镇安小学作为首批全国"优秀传统文化进校园"项目试点学校，从校本化课程、社团活动、主题教育、学科教学、校园文化建设等多层面立体化打造"国学"教育体系。

（二）结合本土文化课程化推进

宁海县第一职业中学以"民族工艺泥彩金漆专业"为抓手，积极挖掘和运用宁海本土非物质文化遗产资源，积极打造"非遗"课程，推进"非遗"进校园、进专业、进课堂。

（三）挖掘特色项目定制化推进

奉化布龙是具有 800 多年历史的国家级非遗项目，奉化不少学校都以优秀传统文化教育特色项目的形式成立了布龙传承基地。奉化高级中学从 2002 年开始把它作为体育特色项目，作为学校的选修课，每年有 800 余名学生参加学习，该校的学生舞龙队在土耳其、英国等都展现了奉化布龙的风采。

（四）吸纳社会力量协同化推进

部分学校积极吸纳当地的民间艺人、特色文化等进入校园，如海曙区鄞江镇中心幼儿园把"千年庙会"搬进幼儿园，展示粽子、年糕团、汤圆等传统美食，孩子们和民间艺人一起表演"走马灯""舞龙""大头娃娃"等传统文化节目。

二、优秀传统文化进中小学存在的问题

通过对宁波十个县（市、区）的教师进行问卷调查，对相关教育行政部门人员进行访谈，回收 6540 份有效问卷。调查发现，推进优秀传统文化进中小学工作存以下几个问题。

（一）重视程度总体不够

目前，宁波市仅在 2019 年发布了《关于深入推进中华优秀传统文化进校园的通知》，还缺少有针对性的、可操作性的指导意见，导致各校开展传统文化教育的频率各不相同，有的一周一次，有的两周一次，有的一个月一次，有的甚至一个学期一次，指导性有待加强。问卷调查结果显示，38% 的学校没有面向学生开展优秀传统文化教育，61% 的教师认为学校文化中没有传统文化的元素，57% 的教师指出学校没有开展传统文化教育的经费。

（二）方式方法不够创新

中小学传统文化教育的途径比较单一，大部分学校仅采用经典诵读、艺术活动等传统方式，主要是依靠学校教师开展相关教育活动，65% 的教师指出开展传统文化教育以传统讲授法为主，72% 的教师指出传统文化教育主要在校内进行，83% 的教师指出学校很少或没有邀请民间艺人、技艺大师、文化遗产传承人等进校园为学生讲学或开展活动，85% 的教师指出学校很少或者没有邀请家长、社区参与传统文化教育。

（三）课程内容不够丰富

一方面，对于"教什么"缺少明确的依据。69%的教师表示没有可以依据的课程标准，77%的教师指出学校开展传统文化教育主要是根据学校领导和教师自己的理解来进行的。另一方面，缺少相关的课程和内容。52%的教师表示学校没有传统文化教育的相关课程，更不用说具有宁波文化元素的课程，65%的教师指出教材中涉及中国传统文化的内容量在20%以下，48%的学校没有为师生订阅传统文化普及教育的读物。

（四）师资力量相对薄弱

中小学从事传统文化教育的师资比较弱，大部分学校没有专门设置优秀传统文化教育方面的教研员，学校教师在内涵把握、课程建设、教学实施等方面缺乏专业的引领。73%的教师认为多数教师在传统文化方面底子薄，传统文化积累不够；在开展优秀传统文化教育的中小学中，88%的学校是以语文、思想品德教师和班主任等教师兼任；87%的教师表示很少或没有参加传统文化培训的机会。

三、加强优秀传统文化进中小学实效的对策建议

（一）加强组织领导

一是研究出台《宁波市中小学优秀传统文化教育指导纲要》，健全相关制度，明确管理体系，制定优秀传统文化教育课程政策和管理制度，且要有明确的课程执行组织机构。

二是明确优秀传统文化教育责任主体，完善中小学传统文化教育经费保障制度，多种形式筹措资金，安排公用经费、项目建设专项补助以保障中小学传统文化教育场所和校外传统文化教育实践基地建设；采取政府购买服务方式或鼓励社会捐助，吸引社会力量提供传统文化教育服务，规范校外传统文化教育机构办学培训。

三是完善传统文化教育督导和评价制度，把传统文化教育纳入教育督导体系，定期开展中小学优秀传统文化教育督导和评估工作，开展优秀传统文化教育示范学校、优秀教师评选活动。

（二）加强形式创新

一是注重激发学生对优秀传统文化的学习热情。同德育有机结合，同学科教学有机结合，注重学生体验，利用社团活动、兴趣小组、经典诵读等形式，激发学生学习中华优秀传统文化的热情。

二是将优秀传统文化教育和研学旅行有机结合起来。整合放大宁波市传统文化、红色文化的资源优势，设计传统文化、红色文化旅游线路，让学生走出校园，在行走的课堂中感受优秀传统文化。

三是大力推行数字化教学形式。在市级层面统筹建设传统文化教育资源网站，探索数字化教学，支持中小学与建有融合虚拟仿真技术、全息影像技术的基地建立数字联结，在体验中提高学生学习效果。

（三）加强内容建设

一是创新中小学优秀传统文化教育内容体系，以语文、历史、道德与法治（思想政治）三科为主，将艺术（音乐、美术等）、体育与健康学科有重点地纳入，其他学科有机渗透，实现全科覆盖。

二是结合宁波特色文化，打造包含阳明文化、海洋文化、红色文化等主题的内容体系，积极开展党史学习教育，并将"宁波党史"作为重要内容。根据年级特点，对中小学传统文化教育教材进行九年一贯的整体设计，组织开发宁波市优秀传统文化教育教材，开发、开设适合学校师生、类型丰富、层级多样的优秀传统教育校本课程。

三是定期开展优秀传统文化教育精品校本课程评选和奖励活动，并利用网络平台，将评选出的课程纳入精品课程库，实现课程资源共享。

（四）加强师资培养

一是加强对中小学优秀传统文化教育教师的配备与管理，逐步形成专兼职相结合的师资队伍。在学校层面，组建传统文化教育课程与教学科研组，面向各学科教师加强优秀传统文化专项培训，组织教师定期到党校、中华传统文化基地等进行研修学习，提升教师实施优秀传统文化教育的自觉性和教学水平。

二是充分利用校外人才资源。挖掘校外民间艺人、技艺大师、非物质文化遗产传承人等人才资源，充分借助社会专业人士的力量提升教学实效。

三是组建专业研究团队，加大科研与教研力度。建议中小学、相关学会及研究会共建"优秀传统文化教育课堂"，实行传帮带、集体备课等制度，帮助老师精心设计教案，使教学内容紧跟时代热点、融入时代特色。

宁波幼儿师范高等专科学校　闫　艳

（宁波市第五批哲学社会科学学科带头人培育项目研究成果）

进一步提升宁波新型公共
阅读空间的对策建议

宁波市委提出高质量发展建设共同富裕先行市，坚持不懈建设全国文明典范城市，着力打造新时代文化高地，这是文化强市建设新的目标方向和总要求。新型阅读空间是健全城乡一体化现代公共文化服务体系的重要组成部分，倡导全民阅读、建设书香社会、提升新型阅读空间的建设水平可以为全国文明城市典范城市建设提供强有力的内在支撑。本文针对宁波市公共阅读空间建设存在的不足，提出一些对策建议，旨在通过提升新型公共阅读空间建设水平，提高宁波人民阅读生活品质，提升城市文化品位和软实力。

一、特色新型公共阅读空间对文化强市建设的意义

（一）有助于建设学习型社会，助力"书香宁波"建设，争创全国文明城市典范城市

通过打造宁波特色新型公共阅读空间，在全社会营造浓厚的阅读氛围，让读书成为一种社会风尚，让浓浓书香浸润城市的每一个角落，提高市民文化水平、提升城市品位，建设学习型社会和书香社会，从而推动建成全国文明城市典范城市。

（二）有助于缩小城乡阅读差距，提高农村居民阅读水平，全面推动乡村振兴

乡村振兴，文化先行。将特色新型公共阅读空间延伸至偏远社区、农村，利用好文化礼堂、农家书屋等现有基础设施，把阅读生活拓展到每一个小区、村庄，进一步扩大阅读空间有效范围，尤其是解决农民阅读"最后一公里孤岛"的问题，这对巩固脱贫攻坚成果、缩小城乡差距、统筹城乡一体化发展、全面推动乡村振兴具有重要意义。

（三）有助于促进文旅融合发展，助推产业升级，提升服务业发展水平

新型公共阅读空间通过创新消费模式，多业态跨界创新，让阅读变为一种生活方式。咖啡馆、书店、便利店等传统店铺不断自我升级，焕发出了前

所未有的活力，体验式阅读、场景式消费和社交新平台成为新型阅读空间的主要功能，拓展了新的消费增长极，促进了文旅服务业的快速发展。

二、宁波新型公共阅读空间建设存在的问题

（一）新型公共阅读空间发展不均衡

宁波全民阅读设施建设、服务供给、资源配置仍然不均衡。市图书馆、大型书店设施完善、条件优越，大型的民营图书经营企业，理念先进，但是一些小型、微型书店或带有阅读形态的公共服务企业设施老化，依靠经营餐饮、副食等方式勉强生存。宁波新华书店集团是宁波"书香宁波"建设的主力军，目前共有门店90余家，经营面积约13万平方米，形成大型书城、中小特色书店、连锁书店协调发展的格局。部分小微书店、咖啡馆、社区阅览室、农家书屋以及个体经营的公共阅读空间，位于大街小巷，深入百姓生活，最能解决居民阅读的"最后一公里孤岛"问题，但目前存在人手不足、设施老化、书刊量少、书刊陈旧等问题。此外，新冠肺炎疫情导致大量民营书吧、小微阅读空间经营困难，亟须予以政策及资金上的扶持。

（二）新型公共阅读空间品牌有待聚焦

宁波市坚持政府主导、社会参与、全民共享的原则，持续推进"书香之城"建设，持续开展"书香"系列活动。宁波市图书馆推出了"天一"八大品牌，保障全市全民阅读活动的可持续开展。但总体而言，宁波市公共阅读空间品牌不够聚焦，相关单位合力运作仍有提升空间，群众参与程度、知晓度都有待提高，老百姓耳熟能详的公共阅读品牌仍不够多，与合肥的"1+100+X"（图书馆＋阅读空间＋阅读点）、青岛的"啡阅青岛"、江阴的"三味书咖"等城市公共阅读空间强势品牌相比还有一定的差距。

（三）新型公共阅读空间城乡差距大

宁波目前总体上实现了农家书屋全覆盖，全市154个乡镇（街道）均建有图书馆，但农村地区的公共阅读空间相较于县（市、区）一级仍有较大差距。从管理制度上来看，宁波市各地农家书屋管理体制不一，管理水平参差不齐。从管理人员来看，农村地区公共阅读空间的管理人员以兼职为主，大多身兼数职。从阅读环境来看，设施简陋，图书更新慢，阅读氛围不尽如人意，阅读效果不佳。市区各类阅读场所经常组织的作家论坛、阅读分享、阅读论坛等活动在农家书屋很难开展。

三、进一步提升宁波新型公共阅读空间建设水平的对策建议

（一）做好顶层设计，引导各方社会力量参与新型公共阅读空间建设

由政府主导、社会力量合办新型公共阅读空间的模式，既能减少政府在人、财、物方面的投入，又能够有效调动社会优势资源。

一是不断完善社会力量参与新型阅读空间建设的准入与考核机制。可以借鉴《北京市西城区实体书店、阅读空间扶持资金暂行管理办法》，出台宁波新型公共阅读空间发展的管理制度。加强政府监管，不断规范和完善公共阅读空间的运营和管理模式，明确社会力量参与的渠道、方式、方法等，努力提高公共文化服务质量。对愿意参加公共文化服务经营的社会力量，设立必要的准入条件和资质标准；在运行过程中，加强监管考核，确保公共阅读空间的公益性、公众性；对考核不合格者，要建立惩戒机制和退出机制。

二是发挥公立图书馆专业优势，引领新型公共阅读空间建设。在引导社会力量参与公共阅读空间建设的过程中，公共图书馆应充分发挥自身专业优势，参与制定公共阅读空间的运行管理机制，提升全民阅读空间的服务水平。公共图书馆还应加强与社会组织的沟通合作，为其提供相应的专业支持与帮助；监管新型阅读空间运营情况，量化统计公共阅读空间的服务情况与绩效情

况，建立综合评审机制，对文献流通、读者活动等工作进行量化考核，重点关注读者的满意度评价。

（二）加大资金支持，促进多元化新型公共阅读空间均衡发展

鼓励宁波新型公共阅读空间朝多元化经营方向发展，影院、书店、咖啡馆、茶馆、文创店等均可参与新型公共阅读空间建设，投资可多可少，经营方式灵活变化。

一是建立宁波新型公共阅读空间专项申请资金。政府负责公共阅读空间的设备购置与装修的补助性经费，共建单位则提供空闲的场地和配套的服务，新型公共阅读空间的后续运营费用由共建单位自行支付；每年年底可进行评优，给予 30% 的优质运营空间资金补助。宁波市各县（市、区）财政也可以按照一定的比例建立购买公共阅读空间服务的专项资金，支持新型公共阅读空间建设。

二是将购买公共阅读空间服务列入年度政府采购目录，同时给予一定的免税政策。将政府采购公共阅读空间服务的范围、项目类别、项目数量、资金总额等列入年度采购目录并向社会公布，明确项目采购的资质条件、招投标程序等，增加政府采购的透明度，以增强社会力量参与公共阅读空间建设的积极性。

（三）重视品牌建设，打造宁波新型公共阅读空间金字招牌

开拓宁波本土阅读品牌，打造"宁波城市书房"等具有宁波特色的公共阅读空间。

一是重视品牌建设，构建区域"15分钟阅读圈"。目前，宁波市中心区域、各县（市、区）、各社区网点均有图书分中心，建议以基层图书馆为网点，辐射到每个社区乃至小区，以"15分钟阅读圈"为单位，放置全自动图书借阅机，解决阅读的"最后一公里孤岛"问题。

二是与民营服务行业合作，在宁波每个社区打造小型公共阅读空间。每

个社区的民营服务行业均有机会申请创办宁波新型公共阅读空间，并获得政策及资金上的支持。力争在 3 年内将宁波新型公共阅读空间品牌推广到各个角落，惠及全市人民。

（四）加强惠农扶持，探索乡村新型公共阅读空间新模式

要加快推动优质公共文化资源向农村和偏远地区下沉，加强惠农扶持。

一是坚持探索农村新型公共阅读空间建设模式，改造农家书屋的运营模式。目前，宁波地区农家书屋均为政府组织模式，要积极探索社会资本参与农村地区的新型阅读空间建设，灵活组织农村地区的阅读活动。例如，在每年的宁波读书节，组织农家书屋在当地举行少年儿童"阅乡村"读书系列比赛，推送优秀选手到宁波市参加更高级别的比赛，为宣传乡村文化、统筹城乡文化发展作出实际贡献。

二是在农村地区的小学、初中、高中放置全自动图书借阅机，将农家书屋的作用辐射到需要的人群中。可以通过专建或挂靠图书馆的阅读 App，在农村地区构建阅读积分体系，形成阅读通道，赋予学生或者农民阅读积分，阅读积分可以用来换购书籍和评选阅读先进个人，在此基础上给予精神鼓励和物质奖励，为农民子女成才提供精神动力和智力支持，缩小城乡阅读水平差距。

宁波职业技术学院　万　　剑

宁波市社科院（市社科联）　徐兆丰

（宁波市第五批哲学社会科学学科带头人培育项目研究成果）

「十四五」宁波工业经济高质量发展
面临的困难制约和对策建议

工业是宁波的根基、优势和硬核所在。"十四五"宁波工业经济高质量发展，将面临要素资源、结构调整、平台载体、效率效益、创新驱动等方面的问题和制约。要坚持问题导向、目标导向、结果导向，保持投资规模，做强企业主体，提升用地效率，加强品牌建设，推进绿色转型，加快融合发展，推进工业经济产业基础高级化、产业链现代化，不断增强现代化滨海大都市和共同富裕先行市的底气。

宁波历届党委、政府高度重视工业发展，始终把发展工业放在经济建设的首要位置，持续实施"工业立市""工业强市"战略，2020年全市规模以上工业实现增加值4042.0亿元，位居全国前列。从产业体系看，依托港口区位优势，基本形成以重化工为龙头、以装备制造业为主体、以传统优势产业为补充的集群发展模式，拥有5个2000亿级产业集群和3个千亿级产业集群。从市场主体看，拥有工业市场主体13万家，其中规模以上工业企业8405家，居全国各城市前列，国家级单项冠军企业51家，居全国城市首位，国家级专精特新"小巨人"企业182家，占全国总量的3.82%，中国制造业500强企业21家。从创新水平看，全市建成石墨烯、智能成型、磁性材料应用技术、电驱动等省级制造业创新中心4个，拥有国家企业技术中心24家、国家级工业设计中心5家，科技创新能力在国家创新型城市中的排名上升到第15位。从结构效益看，2020年全市规模以上工业企业营业收入利润率为8.7%，比全省、全国分别高1.6个百分点、2.6个百分点，规模以上企业亩均增加值为145.2万元，亩均税收为48.1万元，出口占工业销售的比重达19%，在国内城市中均属于较高水平。

一、宁波工业经济高质量发展面临的短板和制约

（一）工业经济做大做强瓶颈凸显

一是工业投资持续增长较难。宁波市委、市政府提出2025年全市工业经

济规模要实现在全国"争5保7"的目标。目前，宁波市存量工业企业产能利用率长期保持在80%以上，高于全省、全国平均水平，进一步做大工业经济规模主要依靠新项目投资。近5年，宁波工业投资规模保持在每年900亿元左右，居省内首位，但明显低于深圳、合肥、苏州、无锡、佛山，甚至在省内对嘉兴的领先优势也不断缩小。同时，宁波工业投资占比有所下滑，2020年仅占固定资产投资的23.3%，低于工业增加值占地区生产总值（GDP）的比重，较之无锡、佛山、合肥和西安等城市也偏低。

二是要素保障面临较大制约。"十四五"期间，宁波市拟投产高能耗项目35个、开工建设21个，将新增标准煤1415万吨，在能耗、碳排放、土地等要素保障方面困难较大，部分项目审批受限。据测算，要实现全部项目按期建设，碳排放净增量缺口在4000万吨以上，占当前全市工业碳排放的50%以上。不少企业在扩大生产时将生产基地选在市外，如东方日升、海天集团、敏实集团等。

（二）产业结构优化调整压力加大

一是传统产业量大面广。目前，全市规模以上企业中，17大传统制造业企业5500多家，占65.4%，增加值占比接近70%，特别是碳排放强度较高的石化、金属冶炼、纺织等行业占比高，改造提升不仅涉及面广而且难度偏大。

二是战略性新兴产业占比偏低。2020年，宁波市战略性新兴产业占比偏低（29.7%），低于合肥（55.5%）、深圳（37.1%）等城市，且低于全省平均水平（33.1%）。数字经济核心产业、高技术产业规模较小，占规模以上工业增加值的比重不足12.0%，与先进城市差距较大。

三是工业投资项目结构不均衡。"246"万千亿级产业集群已成为支撑带动宁波制造发展的重要支柱，2020年占规模以上工业增加值的79%，但1718个在建项目中，传统产业领域、绿色石化项目计划投资额超过一半，新兴产业领域缺乏标志性的大项目、好项目。

（三）工业经济载体发展差距明显

一是领军企业不足。2020年，全市13万个工业市场主体中，规模以上企业仅8405家，其中大型企业占比仅1.7%，低于苏州（3.1%）、无锡（2.1%）、深圳（3.3%）、佛山（1.9%）和杭州（2.2%），尚没有世界500强企业，千亿级企业只有2家，而深圳、苏州分别为10家、5家。

二是"航母级"平台短缺。目前，全市国家级开发区平均用地面积仅11.7平方千米，平均规模以上产值不到600亿元，缺乏如苏州工业园、上海张江高新区等"航母级"平台。

三是上市企业实力偏弱。截至2021年4月，全市拥有98家A股上市公司（其中多数为制造业企业），在国内城市中居前列，但有30家公司2021年以来日均市值低于30亿元。总体来看，上市企业产业地位不算太高，企业现有价值未得到足够认可。

（四）土地资源使用效率有待提升

一是工业用地利用率偏低。全市现有工业用地约490平方千米，镇、村工业建设用地占6成以上，各开发区（工业园区）可开发空间普遍不足。

二是亩均税收效率偏低。目前在监测的2万家规模较大的规模企业中，用地低效即税收在1万元以下的用地有5万亩，占12%，10万家小微企业用地37万亩，其中50%为低效用地。

三是单位工业土地产出偏低。从地均GDP看，宁波2021年地均GDP为1.26亿元/平方千米，全国排名第17位，远低于北京、深圳、上海、厦门和广州，甚至低于省内的嘉兴。

（五）科技创新支撑作用仍显不足

一是创新主体偏少。2020年，宁波高新技术企业仅3103家，全国城市排名第19位，为深圳的17%、杭州的40%，规模以上企业中仍有相当比例的企业没有开展研发活动。

二是创新投入相对不足。2020 年全市研发投入占全市生产总值的比重仅为 2.85%，远低于深圳的 4.93%、苏州的 3.63%。全市规模以上工业企业研发支出占营业收入的比重仅为 2.1%，低于全省平均水平。

三是创新平台能级不够高。国家级创新平台数量少，高质量科技成果供给不足，是副省级城市中唯一没有国家级实验室布局的城市，新引进的产业创新研究院作用发挥还有待时日。

二、推动宁波工业经济高质量发展的举措建议

（一）以保持投资规模为根本提升工业竞争力

一是促进增资扩产。充分发挥存量工业企业在工业投资方面的带动作用，结合"大优强"企业培育，完善重点企业投资动向动态监测机制，梳理企业增资扩产项目用地用房需求，及时统筹研究解决，避免企业因土地、能耗指标等因素外迁。

二是强化重大项目精准招引。学习深圳等地经验，发挥市县长项目工程引领作用，围绕产业链关键环节、缺失环节，精准对接央企、跨国企业等重点企业，发挥产业链重点企业的作用，发动异地商会、中介机构、产业基金等多种力量开展招商，大力引进产业链重点配套项目。

三是强化制造业重大项目落地保障。研究建立产业用地、能耗和排放等要素指标市级统筹制度，对重大投资项目、重点招商项目、上市公司募资项目的产业用地、能耗和排放指标需求探索实行揭榜制，优化土地等要素资源配置。

四是加强对设备工器具投资和软性投资的激励。探索将设备、土地等生产分要素价格纳入监测，将投资激励政策与设备工器具投资直接挂钩，鼓励企业开展技术改造、智能化改造，将软件、检测、智能化集成、研发外包服务等投入纳入监测和激励范围。

五是更加重视对工业投资产出的考核激励。学习深圳等地将投资激励与

产出紧密挂钩的做法，如在企业重点项目投产后的一定年度内，按照上一年度新增工业增加值增量或新增财政贡献分档给予 5% 以内的资金奖励。

（二）以"大优强"企业培育为牵引建设世界一流企业群

一是充分发挥上市公司作用。大力扶持制造业上市企业做大做强，建立产业部门与上市企业"一对一"精准服务机制，可借鉴深圳、珠海、合肥、苏州等地做法，更好发挥国资背景的产业投资引导基金的作用，以优化产业布局为出发点，投资参股一批拥有重点产业链关键核心技术产品的上市公司和种子公司。

二是鼓励"大优强"企业总部性发展。将"大优强"企业与总部经济培育紧密结合，借鉴深圳等地做法，制定出台高级人才个人所得税地方留存部分奖励制度，对将高端制造、研发、采购、结算等核心业务布局宁波的制造业总部企业，给予个性化支持。

三是为处于不同成长阶段的企业制定针对性扶持政策。围绕企业做大需求，制定完善鼓励企业增资扩产和兼并重组政策，发挥好宁波市制造业高质量发展基金作用。在"以规模论英雄"的同时，侧重以反映产品竞争力的全球市场占有率来配置政策资源，打造更多制造业单项冠军企业和"专精特新"发展的中小企业。

四是积极打造大中小企业融通发展的良好生态。深入实施产业基础再造和产业链提升工程，围绕建设十大标志性产业链，依托链主型企业打造行业发展平台载体，深化供应链协同、创新能力共享、数据驱动、产业生态融通，鼓励产业链企业双向投资。

（三）以全域治理为抓手破解土地要素保障难题

一是完善全域治理工作机制。可参考佛山模式，组建专门的机构，构建市级主导、县市参与、部门协同的全域治理制度体系，明确各级各部门责任，稳妥处理各相关方的利益。

二是加快空间整合提升。以乡镇工业园、村级工业集聚点为重点，加快低效地块改造提升，确保 65% 工业用地集聚入园，建立"一区块一方案"机制，因地制宜推动旧工业园改造提升。保持工业用地总量稳定，确保工业用地占比不低于新出让土地的 35%。

三是引导企业入园发展。建立优质企业腾挪安置机制，对因城市更新等原因确需搬迁的规模以上工业企业，可按照"先安置后搬迁"的原则落实企业入园发展。支持制造业企业对自有园区改造升级，通过"亩均论英雄"改革和安全生产、节能降耗等措施，推动"低散乱"企业动态出清。

四是加强工业用地全过程管理。对新出让工业用地实施全流程监管，完善"供给—监管—退出"全生命周期动态管理机制，严厉处置通过股权转让等方式变相炒卖工业用地的行为，提高工业用地流转效率。

（四）以工业地标建设为重点推进制造业品牌体系建设

一是加强工业地标的谋划研究。加强对工业地标概念内涵及其与区域品牌、行业品牌、企业品牌、产品品牌等之间关系的研究，对标对表先进地区，创新考核激励机制，制定工业地标建设的实施方案和支持政策。

二是开展工业地标的示范创建。结合总部经济发展、特色产业园建设、"大优强"企业培育等，通过"一企一策""一园一策"方式，开展工业地标的示范创建，把工业地标建设融入省"品字标"、政府质量奖、著名商标建设、标志性产业链打造等系列重点工作中。

三是加快推进宁波工业经济品牌体系建设。以国家制造业高质量发展试验区创建为契机，打好十大标志性产业链建设攻坚战，加强链主型企业、龙头企业、单项冠军企业引育，进一步打响"宁波制造"品牌。加大对领军企业、"专精特新"企业自主品牌培育的支持力度。加快在重点产业集聚区布局一批星级品牌指导服务站，提供品牌建设全链条服务。

（五）以绿色化转型为突破口推动可持续发展

一是加快产业结构绿色化转型。全面推进绿色制造体系建设，除列入国家重点布局的企业、项目外，坚决淘汰附加值低、生产技术相对落后、能源利用效率低的"低散乱"企业。加大在高耗能行业内部的产业升级，如在石化行业积极布局原油直接制乙烯等附加值高、市场空间大的项目，延长石化产业链，重点布局精细化工、新材料等高效低碳产业，推进"降油增化"，加强副产品的回收利用。

二是加快生产方式绿色化转型。针对存量高耗能行业，推动探索非化石能源供应，引导企业探索由蒸汽推动向电力驱动转变，对暂时不能改为电力驱动的，要研究开展煤改天然气。做大太阳能、风能等清洁能源规模，并同步开展氢能、核电小堆供能等研究，积极推动"碳捕获、利用与封存"（CCUS）等碳减排技术研究与应用。

三是加大绿色制造支持激励。支持企业绿色循环发展，对能效提升、智慧能源管理、资源综合利用、数据中心绿色化改造等项目给予资金支持，对工业节能、工业转型升级等项目给予绿色信贷支持，对获得国家级和省市级绿色制造、工业节能、工业资源综合利用、清洁生产、绿色数据中心等示范项目和荣誉称号的企业，给予一定奖励。

（六）以数字化改革为路径推进工业经济创新提质

一是深入推进工业数字化改革。深化数字经济"一号工程"2.0版，同步推进产业数字化和数字产业化，突出抓好绿色石化等"产业大脑＋未来工厂"示范试点，构建产业大脑和细分行业大脑，加快各类工业App的开发应用，构建行业全景图和生态系统，提高行业竞争力和质量效益。

二是提升科技创新贡献。结合行业大脑建设，布局建设一批制造业创新中心，在稀土磁性材料、光学电子等领域争创国家级、省级和行业制造业创新中心。鼓励企业加大技术创新力度，力争实现规模以上工业企业研发活动全覆盖，研发费用占营业收入比重显著提高。充分发挥在甬高校院所特别是产业技术研究院的作用，加强院企对接、院园合作。

三是推动工业生产数字化转型。加大对企业智能化改造的支持力度，鼓励企业积极参与行业产业大脑建设。支持低效企业开展提质增效改造，推动企业开展"瘦身健体"活动，淘汰和出清低产低效以及亏损的业务及项目。鼓励企业探索模式创新，加快发展服务型制造、数字化制造，引导龙头企业积极打造行业性工业互联网平台。

浙江万里学院　刘美玲

（2021年度宁波市哲学社会科学规划课题研究成果）

关于推进宁波数字创意产业
高质量发展的对策建议

浙江省委文化工作会议提出，要加快文化产业数字化步伐，大力培育数字创意产业等新业态。数字创意产业是以数字技术为主要驱动力，围绕文化创意内容进行创作、生产、传播和服务而融合形成的新经济形态。近年来，宁波在产业规模拓展、数字内容培育、产业平台建设、产业环境优化等方面积极推进数字创意产业高质量发展，取得了初步的成效。但对比广州、深圳、杭州等先进城市，宁波亟须在数字技术创新应用、产业集群发展、产品供给、融合服务、保障体系等方面强化发力，力争打造长三角乃至全国数字创意产业发展高地。

一、宁波数字创意产业发展的现状分析

（一）产业规模保持稳步增长

一是支柱产业地位巩固提升。2020 年，全市文创产业增加值达 987.75 亿元，同比增长 7.84%，占全市生产总值的比重为 7.96%，其中文化制造业增加值总量居全省第一。

二是重大平台建设深入推进。宁波文创港、宁波国家大学科技园、和丰创意广场、宁波市软件与服务外包产业园、国家动漫基地、宁波国家广告产业园等重大平台建设深入推进，加快推进"一核两带十区"产业集群布局。

三是企业培育力度持续加大。建立健全重点文化企业、单项冠军文化企业培育机制，截至 2020 年底，全市营收达 1 亿元的文创企业超过 110 家，共有省级以上文化企业 26 家（含 10 家国家级企业），主板和新三板上市文化企业 42 家（含 9 家主板上市企业），文化领域单项冠军企业（含培育企业）19 家。

（二）业态培育取得稳步进展

一是大力发展创意设计产业。形成以和丰创意广场为核心园区，镇海 I 设计小镇、中国（杭州湾）e 设计街区、北仑数字科技园、慈溪智慧谷等为重点的"一核多点"产业布局，引进培育工业设计服务企业 220 余家。2020 年新增省级工业设计中心 10 家（累计达 41 家），"和丰奖"工业设计大赛已成为国内影响力最广的专业赛事之一。

二是大力发展数字内容产业。数字影视方面，象山影视城打造全国首个"5G+影视数字制作基地"，基本构建形成覆盖影视拍摄、制作、出品、交易等全环节的影视产业体系。数字阅读方面，推动喜马拉雅、超星数字图书馆等龙头企业布局数字阅读产业，打造了"书香甬图""超星阅读本"等一批数字阅读应用场景。数字音乐方面，初步形成以宁波音乐港为核心的"一核六区多点辐射"的格局，涌现了海伦钢琴、大丰实业、音王集团、韵升集团等13家数字音乐制造、数字作品创作等领域的龙头企业。

三是大力发展动漫游戏产业。推动国家动漫游戏原创产业基地升级，引进和培育各类动漫游戏等相关企业120余家，2020年全市制作完成通过审查并在电视台播放的动画片超过25部，原创制作超过1万分钟，原创动画作品产量连续多年居全国前10位、浙江省第2位。宁波卡酷动画制作有限公司等多家动漫企业被文化和旅游部评为"国家级重点动漫企业"。

（三）产业发展环境持续优化

一是扶持政策体系持续完善。相继制定出台《宁波市文化产业发展三年行动计划（2015—2017）》《关于推动文化产业大发展大繁荣的若干意见》《关于金融支持文化产业发展繁荣的实施意见》《宁波市级文化创意产业园区认定及管理办法》等政策文件，"十三五"期间累计安排文化产业发展专项资金9.2亿元。

二是金融服务体系持续完善。成立农行宁波文创支行，截至2020年10月，累计贷款余额达17.33亿元，组建文创小贷公司；建立全市文化产业信贷风险池制度，累计发放贷款2.34亿元；建立全市股权交易中心"文化创意板"，挂牌企业达198家；组建宁波文旅产业基金，总募集规模达20亿元。

三是体制机制改革持续推进。文化创意领域数字化改革加快推进，聚焦数字文化金融、数字文化旅游等重点领域，打造了一批多跨应用场景。深化文化行政审批机制改革，政务服务事项由48项精简为32项。

虽然全市数字创意产业发展具备一定的基础，但总体来看，仍处于起步发展阶段，产业"小散弱"的现象较突出，与广州、深圳、杭州等数字创意产业发展强市相比，还存在较大的差距，主要表现在以下几个方面：①产业规模有待提升，全市文创产业增加值为987.75亿元，而广州市数字创意产业营收已突破千亿元，多项细分领域稳定发展、稳居全国前列。②原创生态有待完善，内容原创能力不足，缺乏具有国际影响力的优质原创品牌和精品知识产权（IP）。③关键技术有待突破，数字建模、交互引擎、后期特效系统等开发工具、基础软件对外依赖程度高，关键技术"卡脖子"问题突出。④人才瓶颈有待打破，数字创意领域的原创型人才、复合型人才短缺现象明显，缺乏科学合理的人才引进、评价和激励机制，人才流失压力大。

二、相关城市数字创意产业发展的经验借鉴

广州、深圳等国内同类城市大力发展数字创意产业，其探索形成的一些先进经验和做法，为宁波推进数字创意产业高质量发展提供了有益的借鉴。

（一）聚焦研发创新，大力推进核心技术攻关

广州市依托天河区、黄埔区数字创意新业态发展基础优势，争创国家级数字创意产业发展示范区。同时，加速 VR、AR、游戏交互引擎、数字特效、全息成像、裸眼 3D 等关键核心应用技术的集中攻关，持续催生一批数字创意新技术、新模式、新业态。开展"5G+8K"、人工智能、虚拟现实等技术在文化领域的应用场景示范，实施超高清视频产业发展行动计划、"智慧广电"行动计划等。

（二）聚焦细分领域，大力发展数字内容产业

广州市聚焦游戏产业、数字动漫、数字音乐、在线直播等四大核心领域，大力发展数字内容产业。游戏产业方面，广州拥有游戏企业近2780家，集聚了网易、三七互娱、星辉天拓等多家头部企业，培育了"梦幻西游""神

武""永恒纪元"等多个游戏品牌。数字动漫方面，广州拥有动漫企业超过 500 家，其中经国家认证的重点动漫企业 5 家，培育了"喜羊羊与灰太狼""猪猪侠""巴啦啦小魔仙""快乐酷宝"等四大动漫品牌。数字音乐方面，广州拥有网易云音乐、酷狗、荔枝网络等国内外知名的音乐品牌。在线直播方面，孵化出 YY、虎牙、网易 CC 三大知名直播平台，其中虎牙、网易 CC 被列入全国三大电竞赛事直播平台。

（三）聚焦政策突破，大力扶持数字创意产业

深圳市龙岗区提出打造中国首个数字创意产业集聚示范区，规划粤港澳大湾区数字创意走廊。在全国率先出台扶持面最广的"数字创意产业 50 条"专项扶持政策，如：电影扶持不与票房挂钩的政策，电影在公映后即可获得60 万元的扶持资金；对近两年内迁入龙岗区的顶级游戏俱乐部给予 200 万元的落户奖励，对次级俱乐部给予 100 万元的落户奖励；对获得视听平台分成收益超过 50 万元的节目，按照分成收益的 10% 给予最高 200 万元的配套扶持。

三、宁波推进数字创意产业高质量发展的对策建议

（一）构建数字技术创新应用体系

一是加大关键核心技术攻关力度。建立 AR、VR、3D 显示、全息成像、人机交互、工业设计软件、数字特效、图像渲染、文化资源数字化处理等关键核心应用技术的集中攻关机制。鼓励上海交大宁波人工智能研究院等科研院所开展基础研究和应用基础研究，持续催生一批数字创意新技术、新模式、新业态。

二是推进数字技术创新应用示范。加快推进 5G、虚拟现实、3D 显示、大数据、云计算、人工智能、区块链等新一代信息网络技术在游戏、动漫、视频、传媒、会展、旅游等领域的应用，打造一批数字化应用新场景。

三是积极搭建公共技术服务平台。搭建数字技术应用云服务平台，支撑

数字创意产业各领域应用的快速设计、开发和部署，为中小微企业和用户提供研发设计、技术产业化、市场推广等公共服务。积极推动影视动漫制作、数字内容创新等省级公共技术服务平台建设。

（二）构建数创产业集群发展体系

一是持续优化数字创意产业布局。依托全市"一核两带十区"的文化产业结构布局，以及宁波国家大学科技园、国家动漫基地、宁波国家广告产业园等国家级和省级重点数字创意产业基地与特色园区，聚焦数字工业设计、数字和软件信息服务、数字传媒、数字影视、数字音乐、数字艺术等业态，推动数字创意产业优化布局、集聚发展，提升整体竞争力。

二是加快数字创意载体平台建设。高标准建设一批数字技术驱动型的省级以上数字创意产业园，培厚"独角兽"发展土壤，打造完善的产业生态。推进建设一批影视动漫制作、游戏开发、媒体融合、智慧广电等省级公共服务平台，提供开发工具、智能计算、图像渲染、后期制作、沉浸式体验等服务。

三是加强大中小企业协同发展。引进培育一批数字创意细分领域的"瞪羚"企业和"隐形冠军"企业，打造数字创意产业"先锋军"。推动数字资源要素适度向优秀企业集中，培育一批符合产业导向、拥有自主知识产权的重点数字创意企业，塑造数字创意产业"主力军"。大力扶持处于创业初期的中小微数字创意企业，壮大数字创意产业"后备军"。

（三）构建数字创意产品供给体系

一是加大原创IP培育力度。建立完善优质IP资源库，实施数字内容优质企业发现计划，大力引进和培育一批原创品牌项目、团队和企业；深入实施"文化宁波"原创精品扶持工程，丰富优质IP资源。鼓励龙头企业建设IP授权中心，打造版权交易平台和全国领先的版权运营中心。建立完善数字创意产业知识产权登记保护和快速维权机制，提高数字创意产业和企业知识产权保护水平。

二是大力培育数字内容新业态。打造一流工业数字化设计中心，积极创建一批省级、国家级工业设计中心和研究院，大力提升工业产品设计、视觉传达设计、流行时尚设计等重点领域的数字化设计水平。打造一流游戏动漫产业基地，坚持"内容为王"原则，深耕细分领域，拓宽动漫产品受众，推动国家动漫基地升级。实施"电竞+"战略，建设电竞直播基地，打造品牌电竞赛事，构建较为完善的电竞产业生态。

三是扩大数字创意新消费。创新网络视频、直播电商、音乐、文学阅读、动漫等数字内容付费模式，将广泛用户基础转换为有效消费需求。大力发展可穿戴设备、交互式智能视听设备、数字媒体等新兴数字创意消费品。支持建设高品质沉浸式产品体验展示中心，提供超高清直播、VR旅游、AR广告、数字博物馆等多元化数字创意消费体验。

（四）构建数字创意融合服务体系

一是深化数字创意与生产制造融合发展。依托大丰实业、得力文具等一批重点文创制造企业，推进文创领域工业互联网平台建设，开放一批特定场景的App应用，积极发展基于精品IP形象授权的品牌塑造和衍生品制造，鼓励开发电影音像制品、文具、玩具等授权商品。

二是深化数字创意与文化教育融合发展。依托宁波图书馆、宁波美术馆、宁波博物院等核心载体，支持文化场馆、文娱场所、景区景点、街区园区开发推广数字化产品和服务，进一步推进文物、非物质文化遗产的数字化保护利用与传承，开发推广数字文化教育产品。

三是深化数字创意与旅游会展融合发展。依托华强方特、天一阁·月湖、方特熊出没小镇等旅游地标，强化5G、VR等新一代信息技术的应用，发展动漫主题公园、虚拟旅游展示等新模式，提升旅游产品和服务的文化内涵与数字化水平。推动"线上数字经济+线下实体会展"融合转型，打造"永不落幕"的网上、掌上会展平台。

（五）构建数字创意产业保障体系

一是加大财政金融扶持力度。发挥财政资金引导作用，降低扶持政策门槛，创新社会资本参与模式，支持符合条件的数字创意企业参与高新技术企业认定，对企业发生的符合条件的创意和设计费用执行税前加计扣除政策。鼓励金融机构开发符合数字创意产业特点的金融产品，支持数字创意企业开展债券融资，推进设立数字文化产业投资基金，支持符合条件的数字文化企业利用多渠道资本市场融资。

二是培育壮大数字创意市场主体。支持"领军人才＋团队＋项目"入驻模式，培育一批数字创意科研团队。完善数字创意人才评价机制，建立市级数字内容原创人才储备库。优化人才激励政策，把数字文化人才纳入"甬江引才工程"。

三是优化市场发展环境。对数字文化产业新产品、新业态、新模式，坚持包容审慎、鼓励创新的原则，在严守安全底线的前提下留足发展空间。完善严重失信名单管理制度，构建以信用监管为基础的新型监管机制。加强知识产权保护，打击盗版侵权行为，规范原创内容和 IP 版权交易市场秩序。

宁波财经学院　冉红艳

（2021 年宁波市哲学社会科学规划课题研究成果）

推动浙东文化国际传播

打造文明对话重要窗口

2021 年，习近平总书记在"七一"重要讲话中指出，必须要坚持把马克思主义基本原理同中华优秀传统文化相结合。这一观点对中华优秀传统文化的研究具有鲜明的指导意义。2021 年 7 月，宁波市社科院（市社科联）和浙大宁波理工学院联合举办庆祝宁波建城 1200 周年暨首届浙东文化与东西方文明学术研讨会，来自浙江省社科院、浙江大学、部分在甬高校等单位的文化与历史研究领域 40 余名学者和专家围绕浙东文化与东西方文明展开学术研讨，为宁波推动浙东文化国际传播、争当"重要窗口"模范生、打造新时代文化高地提供了思想启发。

一、从"多元一体"中华文明起源地的视域考察宁波建城史

（一）宁波"建城"1200 周年之说的解释与局限

宁波建城 1200 周年之说是以唐长庆元年（821 年）明州州治迁至三江口（今海曙区）并建子城为开端。宁波是全国历史文化名城，域内古城遗址多处，仅以核心区三江口子城砌筑的时间来确定建城史，难免给人"以偏概全"之感，一定程度上消解了宁波深厚的文化底蕴，这一提法值得商榷。

学界考察古代"建城"历史标准诸多：①以定都、设府、设县为依据。有确切记载，秦嬴政二十五年（前 222 年），宁波市境内始置鄞、鄮、句章三县，距今已 2243 年。②以城墙、城垣的出现为依据。句章县治所在地（江北王家坝）发现目前宁波历史上最早的城邑，古城修建可上溯至战国中期，距今已 2500 年左右。③以文献确名为依据。"鄞"作为地名最早见于春秋时所著的《国语·越语上》；"甬"见于同时期的《左传》；"鄮"之得名缘起秦代以前"海人"来此贸易，唐代《十道四番志》记载："以海人持货贸易于此，故名。"上述地名确名皆可上溯至 2500 年前。清代顾祖禹《读史方舆纪要》云："夏有堇子国，以赤堇山为名。堇，草名也，加邑为鄞。"据此推算，宁波建城史可推延至 3600 年至 4000 多年前。考古发现与文献记载都为宁波建城时间节点的大幅提前创造了现实可能性。

（二）从中华文明起源地的视域考察宁波建城史

确定宁波建城史有两种流行的模式值得借鉴。一是"宜远不宜近"。就是以"远""久"为指向进行考察，依据史实、自证其说，彰显城市历史积淀；如绍兴以公元前490年越国古都设立为依据，建城已有2510余年。二是"文明形成关联"。如关于杭州建城有2000年之说，也有5000年之说，后者就是关联良渚文明的形成时间，坚定绑定古城历史。这种以文明形成的时间节点关联建城史的模式为城市文化发展创造出无限的阐释空间和想象空间。

中华文明的发展特征是多元一体、兼容并蓄，在众多文明起源地中，河姆渡文明与良渚文明携手印证了长江下游文明的延续性。河姆渡文明代表距今约7000年的新石器时代中期文化；良渚文明代表距今5000年的新石器时代晚期文化，就区域文明进程而言，后者对前者有一定的继承性。伴随着2013年井头山遗址的考古发现，宁波域内的文明发展史前推到了距今8000年左右。此外，宁波还拥有距今约7000年的余姚傅家山遗址，距今约6000年的奉化何家遗址，距今约5000年的古林芦家桥等众多遗址，古遗址的不间断发现凸显出宁波作为中华文明重要起源地的地位。因此，宁波建城史应该打破1200周年的"自我禁锢"，立足中华文明起源，联动良渚文明及杭州建城史，唱好区域文明发展的"双城记"，由学界从更广阔的视野大胆论证。

二、从东西方文明对话的视域彰显宁波发展的文化力量

（一）以宁波为中心的大河文明与海洋文明对话形成

多元一体中华文明起源说中，宁波文化蕴含着大河文明与海洋文明对话的独特魅力。因此，回答宁波之所以为宁波，应该聚焦宁波"陆路末梢、海上大门"这一区位优势，深入挖掘文明间的对话性特点。河姆渡遗址反映出长江下游大河文明形态，田螺山遗址、井头山遗址凸显海洋文明的特征，域内丰富的文明遗址无不反映出早期先民依托河流和海洋改造世界的特点。围绕东

西方文明对话中的宁波，推动大河文明与海洋文明、中华文明与世界文明的对话，搭建如海丝文化、海洋文化、生态文明、港口文化、世界宁波帮文化、世界禅宗文化等交流平台。

地理文明论认为，地理与人类文明发展有着密切的联系，甚至对人类文明的起源有着决定性的作用。学界与民间津津乐道的北纬 30° 线，贯穿人类文明的最早起源地，被称为"神秘而独特"的纬线。在浙江，北纬 30° 横贯富阳、绍兴、上虞、余姚、舟山群岛等地。围绕东西方文明对话中的宁波，建立跨越时空、面向未来的伙伴关系，如北纬 30° 线伙伴关系、基于海洋文明的蓝色伙伴关系。葡萄牙是欧盟首个与中国正式建立蓝色伙伴关系的国家，在葡萄牙罗卡角的一座石碑上用葡萄牙语刻着"陆止于此，海启于斯"的诗句。探讨宁波大河文明与海洋文明的对话性，应该突破时空的限制，立足人类文明发展，联动世界范围内的友好伙伴城市，联合国际学界从更广阔的视野深入探讨。

（二）以宁波及其腹地浙东为中心的东亚文明形成

宁波及其腹地浙东是东亚经济文化交流的圣地，在东亚文明交融的进程中，宁波成为重要的文化集散地，东亚海域交流史见证了宁波对东亚文明形成的影响。以日本文化为例，2005 年，日本文部科学省批准一项名为"东亚海域交流与日本传统文化的形成——以宁波为焦点开创跨学科研究"的课题，简称"宁波研究项目"，负责人为东京大学小岛毅。该项课题历时 5 年，自 2005 年 4 月至 2010 年 3 月，总共投入资金 12 亿日元。该项课题研究发现，日本传统文化中有相当一部分是通过宁波传入日本，涵盖思想、文学、美术、水利、佛教、学术与出版、藏书、建筑学等众多领域；日本学者更以"集线器"（Hub）来形容以宁波为代表的浙东文化对东亚文明形成的塑造作用。推动宁波文化的国际传播，应挖掘宁波"文化中转"与"文化创生"的双重角色，充分发挥日本和韩国在这一领域的作用，以禅宗文化、阳明文化、石刻文化等为抓手，构建区域性海外传播共同体。

（三）以宁波为中心的东西方文明交汇枢纽形成

在地理位置上，宁波及其腹地浙东地处中国大陆海岸线正中和亚洲大陆海岸线中部，因其天然的区位优势成为东西方文明交汇枢纽。宁波是古代海上丝绸之路重要的东方始发港，中国的陶瓷、丝绸和茶叶等，国外的香料、药材和金银珠贝，在此大量集散。自唐代以来，中国社会在行政制度、交通、生产和商贸等领域的诸多重要文化元素，促成宁波成为世界海洋贸易领域的枢纽。

宁波见证和促进了东西方文明的沟通与互鉴。明清时期，伴随着西方殖民主义者的海外扩张，大量西方外交使者、传教士造访宁波，将包括商帮文化、慈善文化以及中医中药等领域的宁波特色文化传入欧洲。1844 年开埠之后，宁波成为东西方文明的交汇枢纽，现代印刷、纺织、化工等科学技术纷纷被应用到生产中；宁波也成为现代邮政、教育、交通、银行、保险和市政工程在中国社会的实践场域，客观上推动了民族企业的诞生，催生了宁波商帮的现代转型。推动宁波文化国际传播，应挖掘宁波在贸易通商和文明互鉴中的特殊角色，发挥好海外宁波人、宁波帮的作用，重点加强宁波"金名片"的海外推广。

三、从人类文明新形态构建的视域谋划宁波文化新篇章

（一）启动中国特色社会主义人类文明新形态研究工程，彰显新时代东西方文明对话的宁波担当

2021 年，习近平总书记在"七一"重要讲话中指出："我们坚持和发展中国特色社会主义，推动物质文明、政治文明、精神文明、社会文明、生态文明协调发展，创造了中国式现代化新道路，创造了人类文明新形态。"这是第一次对中国特色社会主义文明形态的重要论述，阐释、丰富和传播习近平总书记所强调的文明新形态，构建中国特色的文明话语体系，是全面展示中国

特色社会主义制度优越性的应有之义、必然要求。宁波作为中华文明重要的起源地、东西方文明交汇的枢纽城市、中华优秀传统文化的典范之域，应抢抓机遇，申报成立国家级中国特色社会主义人类文明新形态研究中心，在推动新形态的东西方文明对话中体现宁波担当。

（二）实施"宁波文化基因解码"工程，提供优秀传统文化创造性转化和创新性发展的宁波方案

主动对标"重要窗口"建设新目标、新定位，注重在历史传统文化中探求马克思主义中国化理论成果的文化基因，推动中华优秀文化创造性转化和创新性发展。在深化河姆渡文化、大运河文化、宁波帮文化、海丝文化等传统文化工程的基础上，着力探寻体现宁波精神内核、具有鲜明宁波标识的文化符号，打造"浙东学派""浙东文化""阳明文化""甬学"等文化品牌。梳理和遴选代表宁波文化和思想力量的重要文化载体，积极申报世界非物质文化遗产、世界记忆名录等国际级的文化遗产工程，如三字经、梁祝传说、以宁波为中心的东亚禅宗文化、河姆渡文明遗址、天一阁等，在申遗这一问题上，"泉州：宋元中国的世界海洋商贸中心"项目的成功给了宁波"敢为人先"的巨大启示。

（三）布局"宁波文化国际传播"工程，提升中华文化国际化传播和国际话语权的宁波贡献

要做好宁波文化的传承、保护与开发，就要重视宁波文化的国际传播研究，尤其是海外宁波文化文献的收集和回译，以及当代宁波发展文献的整理和译介。重点实施"一回两译"工程，"一回"是建立浙东文化（宁波文化）海外文献档案，利用数字化手段"回收"一批海外文献材料；"两译"是建立旅居、侨居宁波的域外人士关于宁波的历史文献档案，"回译"部分体现宁波文化底蕴的外文文献，同时建立有关当代宁波发展成就的文献档案，"译介"突出展示宁波文化特色和改革成就的学术成果。宁波文化的国际传播研究要系

统谋划海外文献回归和文化互译工程，广泛邀请国内外学者、专家共同参与，开展更深层次、更广范围的国际合作，在中华文化国际化传播和国际话语权提升中做出宁波贡献。

在以上共识的基础上，研讨会认为浙东文化的国际传播要以讲好宁波故事为主线，在三个维度上用好力，即理解透"过去时"，以史经世，梳理浙东文化与东西方文明之精髓；把握准"进行时"，有所作为，挖掘新时代地域文化之价值；谋划好"将来时"，谋篇布局，促进浙东文化与东西方文明对话形成的深入研究。利用中国—中东欧国家投资贸易博览会、甬港联谊会、世界"宁波帮·帮宁波"发展大会、阳明心学大会、天一阁论坛等重大交流平台，着力推动浙东文化创造性转化与创新性发展，推动宁波建设东亚文化之都、"一带一路"枢纽城市，展现宁波"重要窗口"模范生的担当。

浙大宁波理工学院　李　炜　蔡　亮
（阳明文化创造性转化与传播基地成果）

宁波市文创企业发展
活力调研及对策建议

浙江省委文化工作会议提出，提升文化产业竞争力，关键是要提升文化企业的实力、影响力和活力。近年来，随着"互联网＋文创"以及"文旅＋康养""文旅＋体育""文旅＋工业"等模式的新发展，宁波文创产业结构不断优化升级，规模不断扩大，涌现出了众多优秀文化企业。但总体来看，宁波文化产业的实力还不够强，特别是新技术、新业态、新模式需要继续探索，缺少具有自主知识产权、富有创意、附加值高、牵引力强、辐射力广的原创性和特色性产品，尚未形成联合市场开发格局和品牌联动效应，需要多措并举，不断探索新技术、新业态、新模式。

　　企业活力是指企业作为有机体，基于自身素质和能力，与外界环境交互作用而展示出来的生命力状态。企业活力关乎企业的发展后劲、发展潜力和发展速度。文化创意产业以文化为基础，以创意为核心生产要素，以知识产权为核心资产，以新闻出版、影视服务、数字动漫为重点，是上游文化产业。课题组对宁波文创产业龙头企业进行了深入调查，对宁波文创产业的平台活力、企业活力、产品活力、品牌活力、人才活力、资本活力等进行了分析，并提出了相关对策建议。

一、宁波市文创企业发展活力调研

（一）平台活力

截至目前，宁波市拥有 77 家市级文创产业园区和市级培育园区。但是总体来看，产业集聚度、企业孵化能力、园区品牌影响力都比较有限，文化产业园区入园企业平均产值规模仅有 200 万元。文化产业龙头企业偏少，规（限）上文化产业法人单位数 915 家，仅占法人单位总数的 3.78%，户均营业收入 1.42 亿元，不及杭州的 1/3。

从功能平台看，宁波搭建云朵网、文化宁波、上海文化产权交易所宁波中习文化金融交易中心等文化产业服务平台，集聚众多资源，为小微企业提供创业指导、管理咨询、市场开拓、产权交易等专业化服务。宁波股权交易中心、宁波产权交易中心、云朵网成为文创企业新的投融资平台。2018 年，宁波股权交易中心与市委宣传部、市文广旅游局共建"文化创意板"，开展文化金融合作，架起了文创企业与资本对接的桥梁，打开了进入资本市场的窗口。迄今为止，挂牌企业 366 家，注册资金 181848 万元。其中，冲击上市的优选板企业 2 家，即音王电声（制造业）和远见传媒（租赁和商务服务业）；成长板企业 11 家，含文娱业 3 家（东坡文创、天天演、珞桐文化）、制造业 7 家（华寅包装、昶华包装、承迪文具、宁波飞虹、广源纺织、欧琳科技、兆荣股份）、租赁和商务服务业 1 家（知书文化）；创意文化产业 128 家，新兴文创产业 50 家，占比较大的是传统文化产业。

（二）企业活力

上游龙头企业具有品牌影响力，能够吸引并带动更多的文化创意企业集聚发展。长期以来，宁波着力培育了一批具有创新性、引领性、示范性的优秀上游企业，但是，标志性的省级创新入围企业数量较少。全市有 62 家企业获评"浙江省成长型文化企业"，其中文创企业 48 家，核心文创企业 12 家；拥有 27 家省级以上文化出口重点企业，其中核心文创企业 8 家；拥有省重点文化企业 5 家，其中核心文创企业 1 家（卡酷动画）。宁波在册影视企业主要集中在民和文化产业园（43 家）和象山影视城（113 家）。在第三批浙江省创新型数字文化企业名单，浙江省数字贸易百强榜数字影视、数字游戏、数字教育十强企业名单，以及浙江省创新型领军认定企业（文化领域）名单中，都没有宁波企业的身影。近年来，宁波仅引入"独角兽"字节跳动、喜马拉雅等少数知名企业。相比之下，杭州依靠产业基础和人才资本等优势，孕育出网易云音乐、微拍堂（文化电子商务）等一批"独角兽"，以及装点文化（国风文化电商平台）、米络星（直播）、小影科技（短视频创作）、玺匠文化（铜工艺品）、二更（原创短视频内容平台）等准"独角兽"。

相较而言，宁波的文化制造业显示了较强的实力与活力。大型文创产品生产制造企业已超过 500 家，文化制造业总量居全省首位，数字文化装备领域（以索普电子、音王电声、大丰实业等企业为代表）、数字艺术展示领域（以新文三维、未有文化等企业为代表）发展迅速。特色文具企业集群形成，形成以宁海、北仑、鄞州、余姚和慈溪五大区域为中心的块状分布的"文具之都"格局。传统文娱制造业贝发集团、得力集团、海伦钢琴、创源文化、旷世智源、森鹤乐器、大汉印邦、三 A 集团、飞虹文化、康大美术、怡人玩具等也积极转型，从制造类企业转向服务类企业，并向文化创意、品牌设计等价值链高端延伸，实施跨界融合，以聚变模式催生现代新型高端文化业态。

（三）产品活力

总体来看，宁波文创产业的发展模式较传统，"高""新"产品不够多。以2018—2020年电视动画片生产发行情况为例，3年间宁波动漫企业出品85部，占全国电视动画片发行总量的9.5%，占全省的46.0%。但因缺乏创新性和可持续性，产出价值低、产品质量低，仅有2部作品入选优秀电视动画片目录，且这两部动画片的出品单位均不是成长型企业，龙头企业卡酷动画出品的17部动画片无一部入围。企业的创新能力不够强，传统文化IP挖掘乏力。如2018年宁波溪口雪窦山名山建设管理委员会打造了浙江首部城市IP动画《神奇布袋小子》，由外省动漫企业功夫动漫承接。从游戏产业看，宁波游戏企业迄今尚未入围过国内游戏奖项。两家成长型游戏企业中，首游网络已成空壳，宣逸网络已于2020年清算。从影视产业看，影视企业普遍缺乏自己的创作队伍，与横店相比差距较大，配合打造"音乐之城"的自制网络综艺节目"我要出唱片"未能凸显放大效应、号召效应和扩张效应。

部分文创产业在转型升级中面临不少风险。一些行业龙头企业积极探索"文化内容+""文化IP+"等商业模式，但IP授权盲目引进可能造成亏损。如均瑶乳业集团引进国际知名IP品牌小黄人卡通形象，由于种种原因，出现巨额亏损。再如引资32亿元的方特熊出没小镇试图打造华东文旅新名片，设计日均游客流量约7000人次、年游客接待量约255.5万人次，但现实情况并不乐观。

（四）品牌活力

从城市品牌看，宁波虽然是经济强市、港口名城和历史文化名城，但在文化影响力方面与先行城市还有较大差距。根据2020年第四季度《全国重点旅游城市文旅传播影响力报告》，宁波市文旅传播综合影响力在50个入选城市中排倒数第一，两项评分均为个位数，在网媒影响力、微博影响力、微信影响力和抖音影响力四大指标中，微信影响力、抖音影响力均为倒数第一。从企业品牌影响看，上游龙头企业的重要本质是打造强势IP，没有传播活力的 IP 品牌影响力难以做大做强。宁波仅 3 家企业入选浙江省"文化＋互联网"创新企业名单，其中 2 家为国企下属企业（宁波广电纽米地传媒科技、宁波日报甬派传媒），国有骨干文化企业担负着打造宁波城市 IP 的责任，但其实力和品牌影响力显然还有待提高。

（五）人才活力

从总体来看，宁波创意企业人才队伍建设整体水平较低，人才素质不高，人才结构不合理，与文化创意企业发展要求不相适应。在近几年的宁波人才紧缺指数中，设计创意领域综合紧缺指数基本处于"比较紧缺"层次。每百万人拥有省级文化领域优秀人才数量低于全省平均数量，而且文化高端人才主要集中在新闻界和文艺界，在浙江省"五个一批"人才、宁波市"六个一批"人才中，文化产业类人才分别仅占 20%、17%。课题组在调研中发现，宁波不仅缺少能融合文化资本运营、文化产品内容创意、网络及新媒体文化服务、市场经营与推广等多种知识的复合型跨界人才，缺乏一大批熟悉国际惯例和规则、擅长媒介市场运作、具有战略思维和外向型经营能力的人才，而且尤其缺少具有未来导向思维和社会责任感的"领头羊"式人才。在文化产业经营管理人才中，通晓文化产业运作规律的高管、项目经理、经纪人、制片人等非常缺乏；在文化产业创意人才中，精通艺术创作、设计策划、游戏设计制作、数字动漫制作等技能的专业人才较少，且人才流失率较高。

（六）政策活力

宁波先后出台了《关于金融支持文化产业发展繁荣的实施意见》《关于鼓励和引导民间资本投资发展文化产业的若干意见》《关于推进文化产业加快发展的若干意见》《宁波市文化产业发展三年行动计划（2015—2017 年）》《文艺人才培养扶持办法》《宣传文化系统"六个一批"人才工程实施意见》《关于加快推进文化创新团队建设的实施意见》等一系列政策文件，围绕文化产业发展的阶段性目标任务，针对薄弱环节和瓶颈问题，在空间布局、要素保障、政策支持、组织重视等方面进行了全面的、全新的制度设计，并在财政税收、投融资、土地、文化贸易消费、人才等方面出台了具体政策，为文化产业发展提供了有力支撑。但总体来看，宁波文化产业还缺乏较系统的政策支持，并且政策支持力度也不大，政策的知晓率还不高。调研中发现，目前宁波市的文化产业人才政策对人才落户的要求较多、限制较大，文化产业人才的职称评审、股权激励、知识产权保护、编制落实机制等配套发展政策还不够灵活，一定程度上影响了高端人才引进。

（七）资本活力

区域文创产业的资本流动水平直接反映该区域文创产业发展的潜力、实力及方向。近年来，宁波通过扩大文化产业信贷风险池、设立贴息（贴保）专项经费、开展"文化金融走一线"等一系列举措，积极推动文创银行、小贷公司、股权交易中心加大与文化企业金融对接。积极实施中小文化企业金融服务，建立宁波市文创小额贷款公司、中小文化企业信贷风险补偿资金，为中小文化企业提供强有力的资金保障。建立市场化运作的宁波市文创小额贷款有限公司，加强资金支持和风险补位。制定引导与扶持政策以推动社会资本加快进入文化产业领域，鼓励更多有实力的企业通过跨所有制兼并重组和以 PPP（public-private partnership，政府和社会资本合作）、股权融资、资产证券化等模式，多元主体、多种方式参与到文化产业当中，积极探索小额股权众筹融资在文化产业的试点。

宁波大力推动优质文化企业上市融资。宁波拥有上市文化企业 9 家，大多属于文化制造等下游企业。总体来看，宁波文创企业受到资本市场的认可度不算太高，自 2015 年起先后有 13 家新三板挂牌企业。挂牌期内持续盈利企业仅 3 家（甬派传媒、旷世智源、云朵网），6 家企业在持续亏损后陆续退市。目前仅有 6 家在市企业，盈利的只有 1 家（云朵网）。从爱企查网站获取的数据可见，宁波文化企业有 16 家获天使轮投资，7 家企业获 A 轮投资，12 家获战略投资或被收购，融资结构缺少深度优化，投资总量和规模相对较小。

新三板仅有的 2 家动漫企业（镇艺文娱、年轮映画）自挂牌以来一直处于亏损状态，且不断收缩主业。目前，镇艺文娱已经接近空壳，年轮映画将业务转向网络电影制作。

二、宁波市文创企业发展的对策建议

（一）加大数字文化产业政策保障力度

完善组织管理体系，打破部门各自为政的局面，形成数字文化产业信息共享和部门联动制度。充分利用行业协会等第三方力量，推动数字文化产业规划制定、业务统计、品牌认可和人才培养。

（二）提升内容产品创作的质量

在提质减量阶段，减少对企业的补贴，采取政策叠加的方式，对真正的优秀原创动漫精品进行大力扶持，重点支持动漫产业创意策划环节和衍生品开发环节。探索以政府定制、委托设计的方式立项购买企业设计的动漫形象，创新 IP 孵化模式，筛选具有受众基础和资源优势的原创动漫 IP，请专业团队对其进行孵化并投入市场检验，实现快速成长。打造动漫产业和游戏产业深度融合模式，让游戏企业与衍生品生产厂商在设计和生产上双向互动，进行游戏形象的深度开发。

（三）加强龙头企业的生态培育

加快文化企业的提档升级、做大做强，力争到"十四五"末期，把文创产业打造成为全市千亿级产业。大力扶持高成长性企业，积极实施文化企业梯度培育计划，推动更多的小微企业上规模、上台阶，力争每年新增规模以上文化企业 100 家。鼓励文化企业加快股份制改造，引入产业资本，优化股权结构，支持文化产业领域的并购重组。鼓励文化企业扩大投资、扩大产能和产品升级，重点推动"书香宁波""影视宁波""音乐宁波""创意宁波"等相关产业壮大发展。开展"文化+"行动，统筹做好文化与制造业、科技、农业、旅游等相关产业的深度融合发展，推动文化产品和行业结构的优化升级。

（四）强化文化产业人才支撑

利用宁波的地域优势和人才引进政策，吸引高端文创人才、文创类高校毕业生来宁波就业。鼓励高等院校开展校企合作和校际合作，创新"产学研"模式，引进高素质的师资力量，培养一批适应文化产业发展需要的创新型、高层次人才。支持高校、中职学校、数字文化企业联合办学，依托人才培训基地、实训基地或创意园区的培训机构，"订单式"培训行业急需的专门人才。完善有关高层次人才的优惠政策，提升吸引力；健全人才激励机制，鼓励文化企业实行股权、期权、分红等激励方式；提高文化产业人才成果转化收益比例，实现人力资本升级。

浙江万里学院　陈　实

（宁波市文化创意创新发展研究基地成果）

关于发挥宁波市网络社会
组织作用的对策建议

浙江省网络社会组织发展走在全国前列，2018年下半年召开网络社会组织建设现场会，2021年4月20日浙江省网络社会组织联合会在杭州成立。近年来，宁波市网络社会组织数量不断增加、载体不断创新、作用不断凸显，但也存在党建引领有待强化、数量结构有待优化、性质地位有待明晰、运行保障有待加强等问题。建议从强化党建引领、完善发展体系、明确性质地位、强化保障支撑等方面改进完善，构建一个良好、有序、高效的网络治理生态体系。

一、宁波市网络社会组织建设现状

（一）数量不断增加

宁波市网络社会组织建设起步较早，根据宁波市互联网发展联合会提供的数据，截至 2021 年 9 月底，在网信领域开展工作并在市民政部门登记注册的网络社会组织有近 50 家，其中登记为浙江省网络社会组织联合会会员的有14 家。这些网络社会组织主要涉及网络技术、网络安全、信息服务、网络文化、电子商务等细分领域，业务指导单位包括市委网信办、市经信局、市市场监管局、市公安局、市商务局、市大数据管理局等。

（二）载体不断创新

近年来，宁波市网络社会组织通过推进行业自律、制定行业规范等方式参与网络治理和服务创新，主动搭建网络监管平台，参与网络治理，取得了显著成绩。例如，宁波市电子商务协会通过建立全市电子商务人才数据库，协助政府制定行业标准；宁波市互联网协会接受国家相关部门委托，搭建宁波市互联网违法和不良信息举报中心平台，为网民提供参与网络治理的渠道。

（三）作用不断凸显

宁波市网络社会组织舆情调节阀作用不断发挥，积极营造风清气正网络空间。2020 年，宁波市各网络社会组织开展活动总计达百余场，包括网络公益、网络正能量传播、新媒体作品创作、"在宁波，都挺好的"宁波网络文化节等活动近百项。例如，2021 年 8 月，针对疫情防控实际情况，宁波市自媒体联盟发布致全市网民"不传谣、不炒作、不博眼球"倡议书，取得较好的社会效果。

二、宁波市网络社会组织发展面临的问题

（一）党建引领有待强化

一是党建工作亟待加强。一些协会、学会专职工作人员中党员人数较少，无法单独成立党组织。按照党建属地管理的原则，协会、学会党员的党组织关系应该转入相应的社区或街道党组织，但实际办理中仍遇到障碍。

二是经常性工作开展较不均衡。部分协会、学会结合自身优势，创造性开展具有特色的工作，发展势头良好。但更多的协会、学会无法开展经常性的工作，活动时有时无，组织名存实亡。

（二）数量结构有待优化

宁波市网络社会组织数量不够多，在 2021 年浙江省网络社会组织联合会会员中，杭州 28 家，温州 18 家，宁波仅 14 家。宁波市委网信办主管的网络社会组织发展充分，呈一家独大之势，而其他行业的网络社会组织或名存实亡，或严重萎缩。在宁波市的 14 家网络社会组织中，有 11 家是市委网信办主管的市、县级互联网发展联合会，另 3 家中有 2 家是网信企业，1 家是市公安局主管的计算机信息网络安全协会。

（三）性质地位有待明晰

少数网络社会组织有明确的组织性质，如宁波市互联网协会是国有性质，参照国有企业进行管理。但是部分网络社会组织定位模糊，如宁波市计算机学会是群众性学术团体，实际按民营组织模式运作，而政府相关部门仍按照

国有企业的标准对其进行管理，束缚了其发展。尽管当前市委网信办、市经信局等部门在职能转变等方面积极探索，但是总体情况不容乐观。如宁波市网商协会，在与业务指导部门即市市场监管局脱钩后，发展方向不明确社会地位偏低、独立运作与行动能力缺乏。目前，不少重点企业和著名企业已陆续退出该协会，2011年成立时会员单位从2011年成立时的192家减少到2021年的百家以下。

（四）运行保障有待加强

目前，宁波市大多数网络社会组织由于其公益性及办会经费的限制，很难提供具有竞争力的薪酬，导致人员缺乏。大部分网络社会组织只能依靠志愿者维持运作，而管理人员的专业性和专职性明显不足。例如，宁波市互联网违法和不良信息举报中心由市经信局委托宁波市互联网协会管理，市经信局每年提供经费10万元。近两年来的政府机构合并等导致该中心的业务指导部门始终不明确，经费断供，该中心面临关停危机。即使协会有资金实力聘用专业人才，也同样存在人才流失问题。以宁波市计算机学会举例，2021年初，学会秘书处共有12名专职工作人员，其中不乏毕业于名校的高才生；但截至2021年6月初，因为工作强度大、薪酬不理想等，已有4人陆续离职。人才的流失给学会工作的正常开展带来较大的负面影响。

三、充分发挥网络社会组织作用的建议

（一）强化党建引领

一是加强党组织建设。严格落实中共中央办公厅《关于加强社会组织党的建设工作的意见（试行）》，进一步改进网络社会组织党建工作，扎实推进网络社会组织把党组织建设写入工作章程，按照"应建尽建"原则，采取单独建立或联合建立的方式，实现党的组织和工作全覆盖。针对协会、学会党员干部组织关系未及时转入社区或街道党组织的情况，可根据"一方隶属、多方活

动"的原则，探索在网络社会组织中建立党的工作小组，保证党员干部就近就便参与决策、发挥作用。

二是加强常态化管理。建议由市委网信办牵头，成立市网络社会组织评估中心，创新建立"政府指导、社会参与、独立运作"的评估机制、民政与业务指导单位联席会议制度和沟通联络机制，加强审批年检审核把关，从源头上提升管理实效。积极打造网络社会组织孵化基地，通过孵化培育、业务指导、政策支持等精准举措，促进宁波市网络社会组织量质并进、做大做强，从而形成体系化、系统化的网络社会组织格局。

（二）完善发展体系

率先建立市县两级互联网行业党组织，搭建起责任明确、上下贯通、执行有力的网络社会组织的组织体系，即以宁波市互联网发展联合会为核心，以不同行业不同类别的网络社会组织、各县（市、区）的互联网发展联合会和其他网络平台为组成部分，整体打造集资源共享、信息互通、项目对接、人才交流等功能于一体的综合性发展服务平台。一方面，发动各行业主管部门成立分领域网络社会组织体系，推动行业领域内成熟的网络社会组织向总平台靠拢；另一方面，推动各县（市、区）建立二级"枢纽型"互联网发展联合会，管理、服务本行政区域内的网络社会组织，加强统筹谋划、调查研究和工作指导，形成引导、规范和服务网络社会组织建设的工作合力。

（三）明确性质地位

一是明确组织属性。为有利于网络社会组织健康发展，充分激发其参与网络社会治理的积极性，建议市民政局对现有网络社会组织进行重新登记注册，明确属性。对国有性质的网络社会组织要明确业务指导单位，促进其健康发展。对民营性质的网络社会组织，要鼓励、支持其大胆服务创新。

二是促进信用评级。督促网络社会组织建立信用档案，形成一套综合信用评级制度，严格筛选、优胜劣汰，确保加入的成员质量高、有凝聚力。

（四）强化保障支撑

一是强化购买服务力度。人才问题关乎网络社会组织的生存和发展。强化政府对网络社会组织的资金支持，最有效的途径是由政府购买服务。因此，要扩大政府购买服务的范围和规模，丰富购买服务的途径和方式，从而拓展网络社会组织的发展空间。

二是做实人才服务保障。鼓励有条件、有需求的网络社会组织引进一批能担当主要职位的高端管理人才和骨干人才，研究制定和落实网络社会组织工作人员的落户、人事档案、职称评定、社会保障、工资福利、住房补贴等相关政策。对于业绩突出、能力卓著、网络社会组织认可的优秀专业人才，可将其纳入政府人才奖励范畴。

宁波网络与传播研究基地　屠琦琼　田　勇

宁波市社科院（市社科联）　邵一琼

以乡村片区组团推进共同富裕的宁波实践探索及若干建议

乡村片区组团发展具有低成本、易接受、可复制等优势，是近年来乡村振兴实现共同富裕的一个重要抓手。宁波市江北区、慈溪市的片区组团试点工作中取得了显著成效，但发展中还存在着片区法律地位不明确、顶层设计不到位、利益共享机制不健全、乡村人力资源不完备等短板。建议从明确片区地位、推动治理重心下移、统筹片区发展规划、利益共享促进联合开发、项目落地助推农民增收等方面入手，优化片区组团发展，助力高质量推进共同富裕先行市建设。

　　乡村片区组团发展是针对部分村（社区）规模较小、空间布局散乱、服务功能不强、治理成本高等现状，在特点相似、地域相近农村片区实施资源优化组合、事务共谋共商、产业集成互促，高质量发展实现共同富裕的乡村振兴模式。组团发展不涉及行政区域调整，而是根据资源类型、历史渊源、文化习俗、产业关联等因素划分片区，片区内村与村之间是一种动态开放的伙伴组合，具有低成本、易接受、可复制、可推广等独特优势。

　　宁波市慈溪、江北等地在县域范围内积极探索农村片区组团发展，已取得较好的成效，走出一条共建共享共治的乡村共富路子，但还存在一些深层次问题有待破解。为此，课题组对慈溪、江北乡村片区组团发展的实践进行了调研，提炼有效模式，分析瓶颈问题，并提出了优化建议。

一、乡村片区组团发展的有效探索

宁波乡村发展基础好、城乡融合度高。近年来，宁波各县（市、区）选择不同类型的片区开展试点工作，特别是针对城乡接合部、边远山区、多村集聚区的特点和治理需求，分类实施乡村振兴战略，实现片区经济、社会、人文、环境、公共基础设施和公共服务等的全面发展。

（一）项目引领的产村融合模式

甬江街道北郊片区是典型的城中村，由外槽、畈里塘等 5 个传统村落组成，区域面积 6.2 平方千米，总人口约 3 万人，外来人口占 90%。受限于庄桥机场，北郊片区出现了村庄空心化、环境脏乱差等治理问题。北郊片区通过实行片区大党委制度，开展块上力量整合，建立综合治理服务中心，整合区级各部门、各群团和社会团体力量，让党员干部、政务服务人员、执法队伍等力量下沉基层。引入达人村、巴蜀文化村等文旅融合项目及数字经济产业园等，以"环境改造＋土地流转＋房屋回租＋项目引领＋群众参与"的模式，开展规模化种植，形成规模化景观，成功创建国家级农村产业融合示范园，村级集体资产不断增值，村民村集体股份分红每年增加。

（二）红色引领的空间集聚模式

环云湖片区是典型的城郊区域，由南联、公有、金沙、五联等四个行政村组成，隶属江北区慈城镇，现有村民 1828 户。当地曾是新四军浙东游击纵队（三五支队）开展抗日救国运动的阵地，历史上发生过金沙战斗、长溪岭战斗，拥有金沙岙战斗纪念碑等红色遗迹。环云湖片区以宁波两新红领学院为引领统筹红色资源，推动旅游基础设施统一建设，建设游客服务中心、环湖公路、单车驿站等设施，保障政策资源下沉和旅游人口引入。该片区做强红色文旅产业，共创"研学、民宿、康养"等特色农文旅品牌，走出一条红色组团引领空间集聚、乡村共富的新路。

（三）品牌引领的绿色发展模式

慈溪匡堰镇南部片区是典型的边远山区，由倡隆、乾炳、岗墩三个山村组成，区域面积 30 平方千米，有着良好的生态环境资源、深厚的越窑青瓷文化底蕴、丰富的革命历史遗迹，以及闻名遐迩的富硒杨梅和高山茶叶产业。为了避免同质竞争，优化资源配置，激发山区乡村发展内生动力，三个村打破村庄地域边界，成立片区中心村联合党委。通过实施"党建联盟、规划联片、产业联动、社会联治"，做好片区中心村整体发展规划，统筹协调片区的农文旅融合发展，创建 3A 级景区村庄和片区特色品牌"匡农优品"，打造"村强民富、景美人和"的乡村振兴样板。2020 年，该片区游客量比 2019 年增加 8 万人次，农家乐盈利增加 100 万元，茶叶、杨梅产值分别增长 53.8%、18.6%。

上述试点均成效明显，从各村"单打独斗"变成"抱团发展"，实现了村级集体资产增值、基础设施改造提升、生活环境改善、村民收入增加，为城乡产业融合发展、构筑共同富裕基本单元提供了可借鉴的样本。

二、乡村片区组团发展存在的主要问题

（一）片区法律地位不明确

现有的保障农村村民实行自治的法律是《中华人民共和国村民委员会组织法》，该法对村民委员会委员的性质、组成、职责以及选举等，作出明确的

规定。宁波市探索设立的片区，是地理空间上的概念，是功能区的优化重组，不是一个行政单位，而我国目前没有针对片区的行政管理法律，片区的法律地位以及片区与街道、片区与村（社区）的关系等有待进一步明确。

（二）顶层设计不到位

"片区组团发展"是城乡融合、走向共同富裕的必由之路。对于规模普遍较小、基础建设落后、居民人口较少的村（社区）来说，实现组团发展离不开乡镇乃至市区的政策扶植和资金支持。当前，宁波市乡村片区组团发展尚处于试点和起步阶段，各组团片区各自组织制定片区发展规划，其与市级、区级的规划有待衔接；在实际操作过程中，片区设置随意性较大，规模差异明显，缺少市级层面有关片区设置的指导意见。

（三）利益共享机制不健全

组团发展是基于共同命运、共同发展、共治共享而进行的跨行政村集体行动，面对各方不同的利益诉求、成本分摊、合作产生的利益划分，需要建立能保障共同发展与利益共享的规则和机制，促进村与村之间、镇与片区之间平等享有组团发展的成果。从现有试点片区的实践来看，片区内的项目建设、投资活动、资源利用等，更多的是自上而下的行政推动，市场化的利益共享和利益补偿长效机制有待健全。

（四）乡村人力资源不完备

农村人力资本流失严重，"空心化"、人口老龄化问题比较突出，那些有文化、懂经营、会管理的年轻村民更倾向于外出致富。宁波市第三次农业普查的数据显示，农业生产经营人员中，35 岁以下的人员占比只有 4.6%，55 岁以上的人员占比为 56.1%；而且从事农业生产经营的人员的学历程度普遍偏低。村级干部队伍综合素质偏低，农村"领头雁"干部储备不足，后备干部源头匮乏，村级干部工作效率不高，影响到农村片区党组织的凝聚力、战斗力和号召力。

三、乡村片区组团推进共同富裕的对策建议

当前，要抓住宁波市实施高质量发展、建设共同富裕先行市行动计划的有利时机，以功能完善、城乡融合、宜居宜业、特色鲜明为原则，扩大片区组团发展试点范围，优化片区功能设计和布局，打造未来乡村治理与发展的实践样本，全面助推乡村高质量发展的共同富裕先行区建设，让广大农民享有高品质的乡村生活，确保共同富裕路上"一个都不掉队"。

（一）明确地位理顺各方关系，强化致富保障

在充分试点实践的基础上，参考上海、深圳、武汉等地有益经验，结合宁波发展实际，适时出台片区治理地方性法规。进一步明确片区的法律地位，试点县（市、区）直管片区的管理体制机制。出台市级乡村片区组团管理办法，保障片区统筹联动机制进一步健全，规范建设先富带动后富、推动共同富裕的各项制度体系。重视乡村组团片区的规范建设，重塑政府、片区、企业和个人的关系，形成与数字变革时代相适应的片区治理方式，响应人民群众对美好生活的期待。

（二）统分结合推动重心下移，增强致富牵引

"统"是以片区党建统领区域化治理，进行资源统筹、公共服务统筹、平台建设统筹和基础设施统筹等；"分"是针对不同村（社）自然特点、经济发展水平差异性，因地制宜、因村制宜，落实基层自治主体责任。既要着眼于宏观把握，又要考虑区域差异，做到统分结合，最大限度调动各方面的积极性、主动性、创造性，顺利推进单个村推不开、推不动的乡村工作。大力推进宁波市、县（市、区）、乡镇（街道）干部下沉至片区，担任片区党委书记，进一步发挥片区党委的统领作用和政府的主导作用。拓展"乡贤＋村社""乡贤＋村干部"等途径，精准对接乡贤积累的资本、人才、技术等资源，引进"农创客"型能人，发挥乡贤、回乡创业年轻人的作用，助力乡村振兴。

（三）统筹规划实施分类发展，凸显致富指导

各个片区要按照共同富裕先行市的要求，结合实际，进一步明确自身定位与发展目标，制定本片区的高质量发展规划。加强与城市总体规划以及县（市、区）"十四五"规划和土地规划的衔接，绘好片区组团实现乡村振兴的"施工图"。适时出台片区设置组团发展的指导意见，做好顶层设计，科学划分片区，实施分类特色发展，引导各片区做好高质量发展工作。

（四）利益共享促进联合开发，打响致富品牌

打破行政界限，积极发展"合作社＋农户""公司＋合作社＋农户"等模式，实行联合开发，打造村庄发展共同体。推广村庄经营理念，完善农民土地承包经营权、土地流转、宅基地使用权集成改革办法，助力乡村组团协同开发。积极推进经营性资产股份合作制改革，探索股权流转、抵押等新型农村集体资产股份合作制形式，在村集体经济股份合作社的基础上设立片区乡村振兴发展基金。将该基金更多地用于支持富民产业项目，推进地理标志农产品认证，打响片区农业品牌；开发红色旅游、山地运动、休闲养生等精品项目，打响片区文旅品牌。

（五）项目落地助推农民增收，提高致富实效

农业集聚区布局要充分考虑具有组团优势的片区，通过农业产业园区建设、特色农产品优势区建设、农业龙头企业落户等，推进片区组团发展。重视农业项目的招商引资，提高招商引资的档次与质量，让大项目落户村庄成为可能。做好农村游客服务中心和停车场、旅游厕所等基础设施建设，推进宁波市级的乡村旅游项目、红色教育基地建设、党员教育培训项目落户乡村片区，拓展农民就业增收渠道。

陈方猛　陈洪波　王志新　郑　娟　肖德龙

整理：宁波市社科院（市社科联）孙肖波

（宁波工程学院城乡融合发展研究基地成果）

当前宁波市产业工人队伍技能素质提升方面
存在的主要问题及对策建议

产业工人作为创新驱动发展的骨干力量，是宁波市高水平实施人才强市战略，打造全球先进智造基地、高水平创新型城市和共同富裕先行市的重要支撑和基础保障。2019年以来，宁波市陆续出台了一系列支持产业工人队伍建设改革的政策举措，课题组通过企业座谈、问卷调查、部门调研等形式，梳理了近年来宁波市产业工人队伍技能素质提升方面的主要做法，总体来看成效明显，但在培训供需对位、企业动力发挥上还存在一些不足，需要进一步完善。

一、做法成效

（一）完善扶持政策体系

2016 年，宁波出台地方性法规《宁波市职业技能培训条例》；2019 年，宁波市委高标准制定《新时代宁波产业工人队伍建设改革实施方案》。几年来，围绕技能人才的培训、评价、竞赛、待遇等，宁波市先后出台各类配套政策 30 余项。市发改委编制形成《宁波市建设国家产教融合型试点城市实施方案》，市教育局修订《宁波市职业教育校企合作促进条例》，市人力社保局发布出台《宁波市职业技能提升行动实施方案（2019—2021 年）》，从政策层面精准谋划新形势下技能人才培育工作，形成技能人才政策高地。

（二）加大资金投入力度

2018 年，宁波市出台《宁波市高技能人才专项资金管理暂行办法》，在高技能人才培训、引进、评价、激励和基础平台建设等方面给予资金支持。2020 年，宁波市高技能人才专项资金投入 960 万元，用于技能师资培训补贴、技能大师工作室补助、企业新型学徒制培训补贴、高技能人才公共实训基地建设补助和职业技能竞赛补助等方面。同时，市财政统筹安排职业教育专项经费 5000 万元以上，用于支持职业教育"工匠精神"培育提升工程、"一带一路"国家职业教育合作发展重点项目、"1+X"证书计划等项目建设。

（三）加强职业技能培训

推动各技工院校与近700家企业达成产教融合合作协议，推进社会化培训、以师带徒培训、项目制培训、以工代训和新型学徒制培训，4800余名年轻工人参加院校和企业共同培养的新型学徒制培训。2019年职业技能提升行动实施以来，全市组织开展的技能培训覆盖65.2万人次，培训职工30.31万人。兼具综合性、区域性、专业性的"155"高技能人才公共实训体系在宁波市全面推进，每年累计完成高技能人才实训2万余人次。全市近200家民办职业培训机构，年均开展职业技能培训超10万人次。

（四）开展职业技能竞赛

每年组织各级各类职工技能竞赛1000场（次），培育产生各级"首席工人"100名、"技术能手"1000名。2020年，分级分类举行各类劳动竞赛2000余场，产生"首席工人"和"技术能手"近300名。探索线上线下技能竞赛新模式，推动百万职工开展岗位大练兵、技能大比拼。打造"技能之星"宁波竞赛品牌，抛弃"以赛而赛、因赛而赛"的传统模式，推出"世赛选手'青苗工程'""'技能之星'走向全国"等一系列立足当前、着眼长远的举措。

二、存在问题

（一）人才结构层次不够优化

截至2021年6月，宁波市产业工人349.7万，其中技能劳动者总量189.0万人，高技能人才数量58.1万人，高技能人才占比为30.7%。这与德国产业工人队伍中高级技工占比50.0%、上海高技能人才占比35.0%相比都存在较大差距。在参加抽样调查的133.5万名宁波产业工人工会会员中，初中及以下学历人员占比48.1%，中职学历人员占比9.8%，高中学历人员占比14.0%，大专及以上学历人员占比仅22.7%。2021年8月至9月，课题组开展职工学历提升项目宣传推介和企业培训需求调研，在走访调研的 32 家企业中，普遍存在高技能高学历产业工人严重不足现象，高、精、尖复合型人才短缺。

（二）技能培养体系不够完善

在调研中发现，职业教育与就业体系未能很好实现融通，校企合作深度融合不够，职业教育发展与经济发展、人才需求还存在脱节现象。一方面，毕业的学生找不到合适的岗位；另一方面，企业招不到高素质的技术人才。目前的职业培训与宁波经济转型、产业发展联系还不够紧密，以北仑区为例，这里已形成以汽车、石化、装备、钢铁、能源为主体的产业集群，但市场并不能提供适配度高的培训项目。职业培训资源整合力度不够，培训整体呈分散管理状态。各部门基于自身职责，自行组织实施、评估，缺乏总体规划、统一培训基地及师资等，也未建立全市职业培训数据统计平台。

（三）企业主体作用发挥不够明显

课题组在调研中收集到有效问卷 493 份，结果显示，66.3% 的工人希望企业能提供更多的"岗位专业技能培训"，83.8% 的工人表示"缺乏有效渠道获取培训信息"。访谈中发现，一些企业虽然知道相关教育培训信息，但并没有将信息告知员工；一些企业未按规定提取或部分提取职工教育培训经费，在提取了职工教育培训经费的企业中，大部分经费也都用在企业管理人员特别是中高级管理者身上；许多企业尤其是中小型非公企业，不太愿意承担职工培训的时间和经济成本，也担忧职工在技能提升后跳槽，导致人才流失。

（四）新业态人员素养提升不够有效

伴随着共享经济、数字经济等新业态的蓬勃兴起，货车司机、快递员、网约送餐员等新业态从业人员数量激增。2021 年 1 月至 9 月，宁波市吸收新就业形态劳动者工会会员 40801 人，同比增长 52.9 倍。调研发现，新业态行业工作低技能、高强度的特点，使得从业人员参与技能素养提升的时间、精力有限，传统的职业教育和培训方式很难满足他们的学习需求。

三、对策建议

（一）完善产业工人技能形成体系

加强职业教育和职业培训统筹发展。推动职业教育由以政府举办为主向政府统筹管理、社会多元参与办学的新格局转变，支持国有龙头企业发挥示范作用，依法举办高质量职业院校。支持行业企业、产业园区等以资本、技术、管理、设备或其他要素参与职业院校办学。建立健全各类培训主体平等竞争、产业工人自主参加、政府购买服务的终身技能培训体系。加强对技能培训工作的领导和统筹，总体规划、统一培训基地及师资等资源。建立全市职业培训数据和评估平台，不断优化资源配置，全面评估培训效果。

（二）创新技能导向的激励机制

一是加大技能要素参与分配力度。完善以创新价值、能力、质量、贡献为导向的产业人才评价体系，推动高技能人才的股权、期权激励，参照高级管理人员的标准落实或者兑现相关待遇，对关键技术岗位、关键工序和紧缺急需的技术工人实行协议工资、项目工资、年薪制等分配形式。试行职工职业星级等级认定与产业工人工资、入户、子女入学等挂钩的政策。畅通产业工人发展渠道，学习舜宇集团有限公司做法，让产业工人在管理、专业和技能操作三大职业发展通道之间进行转换。

二是充分发挥企业主体作用。通过政府补贴、第三方监督，强化和落实企业主体责任，引导企业结合生产经营和技术创新需要，制定本单位技术工人培养规划和培训制度，广泛开展技能竞赛、岗位练兵、师徒帮教活动。监督企业按照职工工资总额的 1.5%~2.5% 足额提取职业教育培训经费，并定期检查企业使用情况，确保企业将经费的 60% 以上用于一线职工的教育培训。

（三）增加特色化多元化教育供给

一是建设紧密对接产业链的特色专业群。建立由政府职能部门、行业组织、职业院校等共同参与的产教供需双向对接机制，推动人才供给侧和产业需求侧紧密对接。围绕"246"万千亿级产业集群，重点打造为产业集群服务的汽车制造、化工工业、智能制造等产业集群，定期公布职业院校专业结构与产业结构吻合度报告。鼓励行业龙头企业与高校合作建设紧密型产业学院，围绕区域重点产业、支柱产业和新兴产业发展共建专业，建立专业动态调整机制，开设紧缺专业，推动建好、建强一批应用型专业，为产业工人提供特色化的教育资源。

二是完善多元继续教育模式。探索建立涵盖高校继续教育、成人高等教育和职业技能培训等职工继续教育多元模式。高校继续教育机构开设适合行业企业需求的成人高等学历教育专业和课程；成人高等教育（如开放大学）充分利用在线教育优势开展线上线下混合式教学，满足职工灵活便捷学习的需求；中等职业学校（如技师学院）和培训机构提供培训实训、技能交流、师资实践等技能提升服务。

（四）建立数字化支持服务体系

一是建立线上线下融合的学习支持服务平台。加快建设全国首家技能人才继续教育网，升级改造职业培训公共服务网，为产业工人提供就近学习、信息咨询、考试测评、成果鉴定等一站式学习支持服务，帮助解决"工学矛盾"。加强对职工的数字素养培训，推进适应行业发展和职工技能的数字化转型，推广移动学习，方便新业态从业人员利用碎片化时间随时随地开展学习。

二是推进"互联网＋职业技能培训"。通过在线直播、视频录播、交流互动、考核测试等形式，为各类产业工人提供便捷化的培训服务。面向各类高校、职业院校、职业技能培训机构和行业企业征集优秀线上培训资源，明确培训学时和相应补贴性政策，实现资源共享。建立职业技能培训电子档案，实现各地区、各部门联通共享，便于相关主体实时查询，为就业者提供帮助与便利。

宁波网络与传播研究基地　刘依卿

宁波市总工会　周南斌

宁波市社科院（市社科联）　张雪峰

办好阳明诞辰纪念活动
助力文化高地建设

近些年来，国内兴起了研究、传播、践行阳明心学的热潮。2022 年 10 月 31 日是王阳明诞辰 550 周年纪念日。宁波（余姚）作为王阳明的诞生地，在这个有纪念意义的时间节点上，应紧紧围绕诞生地、成长地等特点，高起点、高要求策划和推进系列活动，为阳明思想提升和阳明研究成果转化做出贡献。

2021 年 11 月 2 日上午，中共宁波市委宣传部、宁波市社会科学院（宁波市王阳明研究院）、浙江万里学院共同主办了王阳明诞辰 550 周年纪念活动策划研讨会。市内外与会专家 13 人，围绕宁波市如何组织好王阳明诞辰 550 周年纪念活动，各抒己见，相互交流。现综合整理讨论观点，形成本文。

一、精心策划，凸显纪念活动的宁波特色

宁波余姚是王阳明的诞生地，他的少年时期是在余姚度过的，后来又长时间在余姚读书讲学。余姚可查可考的阳明生活、讲学遗迹遗址，大多保护、恢复得很好，从而为宁波办出有特色的纪念活动奠定了坚实的基础。

（一）目前的形势

随着"王阳明热"在全国的兴起，不少地方的阳明文化建设有声有色。2019 年，绍兴市总投资 80 亿元的阳明故里开工；这两年，又计划把阳明洞天、新建伯府、王阳明墓、稽山书院等遗迹遗址串联起来，打造心学圣地和阳明文化园。2020 年，贵州投资 67 亿元，在"龙场悟道"的修文县建设占地 3500 亩的"阳明文化园"，其中阳明儒学院项目投资 10 亿元，总用地面积 380 亩。江西赣州的国际王阳明学术研讨会、绍兴的阳明心学高端论坛，经过连续几届的举办，在全国学术界有了一定的影响。氛围很热闹，形势也逼人。

宁波与王阳明直接相关的文化资源丰富。王阳明故居、龙泉山、四明山文化、黄宗羲故居、王阳明及其后学讲学之地等，虽已有修复、恢复，但开发利用、升级提升的空间还很大。宁波市有不少企业、社区、学校，在学习和践行阳明心学方面做得比较好，民间持续的"王阳明热"是弘扬、继承阳明思想不可忽略的基础。宁波阳明文化底蕴厚重、特色鲜明。

（二）纪念活动基调

王阳明诞辰 550 周年是一个值得隆重纪念的时间节点。在办好纪念活动的同时，做好长远谋划，推动宁波阳明文化的整体建设工作。要以国际化的视野，做出自己的特色亮点，使宁波的阳明文化实现创新性发展、创造性转化。与会专家一致认为，宁波策划王阳明诞辰 550 周年纪念活动，要高起点规划、全领域覆盖、深层次挖掘、多维度推进；要将传承与创新、历史与现实结合起来，争取做到有表述、有遗址、有展示，做到可见、可感、可传承、可体验。

二、大力推进，提升纪念活动的影响力

王阳明作为宁波的文化名片，可以将其转化为提升城市发展的重要软实力。与会专家认为，近些年来，宁波（余姚）在传承弘扬阳明文化方面已经做了大量的工作，取得了可喜的成绩。早在 20 世纪 80 年代初，余姚市就开始召开国际性阳明学术研讨会。2015 年，余姚市政府举办了阳明文化日活动。2017 年，宁波市牵头举办阳明文化周活动，这进一步扩大了阳明文化的影响力。在现有经验的基础上，宁波要通过精心策划、全面提升，把纪念活动办得更加出彩。

（一）精心准备纪念活动的"主菜"

高质量的诞辰纪念活动，离不开有高度、有水平且社会各界认可的活动的支撑。一是在现有阳明文化周的基础上，高标准、高水平策划诞辰 550 周年纪念阳明文化周。邀请重量级嘉宾，提升纪念活动的层级；策划有价值、有意义的活动，充分挖掘新媒体展示的可能性，丰富活动的类型，提升纪念活动的参与性和观赏性。二是借鉴《印象·刘三姐》等品牌演出模式，邀请名家导演以"王阳明"或"少年王阳明"等为主题的晚会。三是制作并适时推出《王阳明》电视剧。四是精心准备诞辰纪念"礼品"，如阳明元素的系列文创产品、

本地学者的阳明研究成果、诞辰 550 周年纪念文集等。

（二）提升相关场所展示水平

有关阳明遗址的保护修复工作，需要加大力度。一是姚江书院重修、阳明纪念馆新建、黄宗羲故里修复等工作，需要稳步推进。二是尽快在市内选址，规划建设王阳明主题公园，使市民在日常生活的休闲之中接受阳明文化的熏陶。三是将市域王阳明元素的相关景点串联起来，精心打造以阳明文化教育为主题的旅游线路。四是重点策划《王阳明在宁波（余姚）》大型展览，展示王阳明在宁波（余姚）的生活和讲学遗迹、对宁波后世的影响和宁波阳明学者的研究成果。借鉴院士文化公园、宁波帮博物馆等文化场所的模式，增强阳明思想弘扬和阳明心学传播的大众性。

（三）举办阳明文化成果转化分享会

近年来，在全市范围内，阳明文化进机关、进社区、进学校、进企业等活动开展得有声有色，涌现了一批典型的案例，要及时总结提炼，不断改进措施。在诞辰 550 周年的纪念活动中，可以选择 55 家有代表性的机关、社区、学校和企业介绍各自学习、践行阳明思想的做法、经验和成果。对于不同主体在践行阳明心学方面有成效、可复制的个人和集体经验，可通过多媒体、融媒体等手段在属地机构媒体、政务新媒体、自媒体积极传播，营造"人人学阳明"的氛围，让阳明文化浸润人心。

（四）开展阳明文化相关赛事活动

精心策划一批公众参与度高的活动。一是在全世界范围内开展阳明心学关键词的英文翻译活动。目前，对于阳明心学中的"心即理""知行合一""致良知""万物一体""格物"等关键词的英文翻译，还没有达成共识。可以借助有关企业资助，发起全世界范围内的讨论，提高诞辰纪念活动的知晓度。二是利用书法这一有中国特色的传统文化载体，在全国或全省的青少年群体中开展王阳明箴言书法大赛，让青少年在书法创作中感悟阳明思想的强大力量。三是在全国大学生群体中开展讲王阳明故事、诵读阳明经典语录的短视频比赛，用年轻人喜欢的方式，在年轻人心中播撒阳明文化的种子。诸如此类的比赛成果和作品，通过美术馆展出、学校巡回展出和媒体报道等形式进行宣传，促进阳明文化传播，提高诞辰纪念活动的影响力。

三、充分挖掘，开发适合新媒体传播的产品

（一）精心培育独一无二的阳明文化品牌

宁波要培育具有高辨识度的、独一无二的阳明文化品牌，通过新华网等主流媒体，向全球发出创意征集。在打造特色文化品牌的同时，既要充分考虑宋韵文化、丝路文化、运河文化等文化元素，又要与共同富裕、幸福教育等社会发展运动结合起来，围绕浙东学人、四明山开发系列研学活动，以王阳明和阳明故里为中心打造研究和传播阳明心学的重镇，并将余姚市打造为中国的哲学之城。

（二）精心开发阳明思想传播的特色产品

以王阳明传奇的人生故事、深邃而实用的哲学思想为主要内容，打造阳明文化乐园。充分利用数字技术，开发老少咸宜的特色项目，让参与者获得沉浸式的体验，既得到身心的娱乐，又受到思想上的教育。精心梳理相关素材，开发年轻网民喜闻乐见的新媒体应用。引进和培育一批文化创意企业，围绕阳明文化开发地方特色文创产品。

（三）融合多手段共推宁波阳明文化

邀请国内外著名艺术家将王阳明的事迹或思想写成歌词，谱写成歌曲，通过积极参加央视《经典咏流传》等节目将王阳明唱给全国人民听；恢复王阳明的歌诗方法，在市域巡回演出；制作王阳明系列慕课，供市民赏析尤其是大

学生选修；将市域有关的阳明遗址遗迹数字化，通过不同场景、不同平台进行展示。

四、整合力量，彰显阳明心学研究特色

对王阳明哲学思想的研究，是纪念王阳明的核心内容。与江西赣州、浙江绍兴等地阳明心学研究的情况相比，宁波在学术研究方面有一些欠缺。这突出表现在三个方面：一是尚未形成自己的特色，特别是没有将宁波作为王阳明诞生地、阳明思想萌发地、教育思想探索地等特征结合起来；二是没有整合好研究队伍，市域阳明心学研究者多是单打独斗，没有形成规模效应；三是在全国学界的影响力有待提升，无论是研究者的知名度和影响力，还是举办学术研讨会的美誉度与参与面，都还有很大的提升空间。为了弥补不足，建议启动和做好如下工作。

（一）明确宁波市王阳明研究院职能

2018年，宁波市审时度势，成立了王阳明研究院，这是一项有前瞻性、有深远意义的举措。但由于没有编制、没有经费，研究院发挥的作用有限。建议在明确宁波市王阳明研究院职能和任务的基础上，确定人员编制，拨付一定经费，加强监督管理，使之成为宁波市阳明心学弘扬与传播的组织者、市域阳明研究的引导者和协调者、国内同行交流的参与者。

（二）召开王阳明研究成果新闻发布会

市委宣传部拨付市社科院王阳明研究专项经费125万元；市社科院集聚全市王阳明研究力量，认真谋划，积极作为，拟资助7部王阳明研究专著，发布15项左右的王阳明研究重点研究课题。宁波可以依托相关研究成果，在发布宣传上做足文章，在阳明文化周举办期间适时召开王阳明研究成果新闻发布会，提升相关成果的学术影响力。

（三）成立阳明心学研究者联盟

广泛集聚市内外阳明研究人才，定期举行学术研讨活动，使学者达成一定的共识，集中研究智慧，有计划地攻克阳明心学研究中的一些重大项目。一是在全面梳理国内外阳明心学研究现状的基础上，结合阳明诞生地、阳明思想萌发地等"标签"的特点，有计划、有组织地协调推进。二是组织开展专项研究，精准诠释阳明心学。对阳明心学的一些基本问题，没有得出共识性的结论的议题，组织国内专家研讨，以深化阳明心学研究。三是探讨阳明心学创造性转化和创新性发展的路径，将对阳明心学的阐释与当代宁波城市形象塑造、宁波精神提炼和传播、甬商精神气质和企业文化建设、宁波人的日常生活等对接起来。四是组织王阳明基础文献的精准外译，为阳明心学走向世界奠定基础。五是挖掘王阳明家族史迹史料，拓展王阳明研究的领域。六是探索研究马克思主义与阳明心学关系的问题，深入探讨相关理论的逻辑和实践价值。

（四）召开高端国际阳明学术研讨会

提高宁波阳明心学研讨会的吸引力和号召力，建议相关部门出面，与浙江省社会科学规划办公室加强协调，仿照传统绝学、理论宣传类、对策研究、"三农"、舆情等专项的操作模式，设立"阳明心学"专项，每年发布10项课题，帮助省内年轻阳明学者成长；与省内高水平人文社科期刊（如《浙江学刊》《浙江社会科学》等）联合主办学术会议，为高水平参会论文提供发稿阵地；与中国社会科学院明史研究所等全国性社会科学研究机构合作，在开展全国性的阳明学研究成果年度评选、联合开展特色学术研究和举办学术会议等方面开展深度合作。建议在市社科院（市社科联）每年发布的哲学社科规划课题中，设立阳明心学课题专项，引导鼓励各类人才尤其是年轻高校教师等致力于阳明学研究。

宁波市传播监测研究基地　陈志强　张实龙

整理：宁波市社科院（市社科联）　方东华

讲好统一战线宝贵经验
助推『六讲六做』走深走实

巩固和发展最广泛的爱国统一战线，是实现国强民富、祖国统一、民族复兴的重要法宝，十九届六中全会把党百年奋斗宝贵经验总结为"十个坚持"，其中就包括"坚持统一战线"。贯彻落实全会精神，讲深讲透统一战线百年实践逻辑、重大作用、宝贵经验，是贯彻中央"七个讲清楚"、落实省委"六讲六做"部署、促进"学讲做"下沉的必然要求。要从特质处把统一战线属性讲透，从特色处把统一战线故事讲深，从特需处把统一战线责任讲实，为建设现代化滨海大都市汇聚起磅礴力量。

一、从特质导入，把统一战线属性讲透

（一）讲透统一战线的"本心"，讲出影响力

人心向背、力量对比是最大的政治，是决定党和人民事业的关键，统一战线就是要解决人心和力量问题。必须从党中央和省委决策部署中找准宁波统战坐标、把准宁波统战方向、瞄准宁波统战靶心，花大心思讲透宁波统一战线的本心，下大气力讲清宁波统一战线增强党的阶级基础、扩大党的群众基础、巩固党的执政地位的战略本质，引导宁波统一战线成员对国之大者了然于胸、对责之重者善担于肩、对行之实者勇践于做。

（二）讲透统一战线的"本分"，讲出协同力

统战工作是宁波统战部门的"分内事"，也是宁波各级党组织必须种好的"责任田"，更是宁波各党派、各界别、各方面齐心协力共同要做的"本分"，这种系统性自始至终没有逾移。必须从要素与要素、要素与系统、系统与环境的相互联系把宁波各单位、各领域、各方面共做统一战线的本分讲透，引导宁波统战成员运用系统思维谋划统一战线，形成全市上下一盘棋、党内党外一股绳、社会各界一条心的共识局面。

（三）讲透统一战线的"本源"，讲出溯及力

溯源统一战线史，在任何时期，党始终把统一战线视为重要经验、作为

重要法宝，摆在重要位置。在庆祝中国共产党成立 100 周年大会上，习近平总书记将统一战线列入以史为鉴的"九个必须"。在《中共中央关于党的百年奋斗重大成就和历史经验的决议》（下文简称《决议》）中，党中央将统一战线总结为必须坚持的"十大经验"之一。宁波要推动现代化滨海大都市、共同富裕先行市建设取得更大成果，为全国、全省大局作出更大贡献，就必须把统一战线摆入宣讲内容、纳入宣讲计划、归入宣讲日程，在讲透统战本源中进一步提升党员干部的政治判断力、政治领悟力、政治执行力。

（四）讲透统一战线的"本意"，讲出艺术力

当前，宁波统一战线成员涉及四大同盟、五大领域、十二类对象，虽为同盟者，但各自政治利益、具体利益具有多样性、差异性、市场性，属于党的特殊群众工作，宣讲不能做快餐，必须针对宁波不同系统、不同领域、不同群体的具体实际，讲求特有的宣讲艺术，运用特殊的宣讲方法，实施特色的宣讲活动，做"佛跳墙"的功夫菜，拉长包容的多样性半径，画出兼容的一致性同心圆，凝心聚力把习近平总书记对宁波的厚望嘱托内化于心、实践于行。

（五）讲透统一战线的"本领"，讲出凝聚力

推进实现第二个百年奋斗目标，不能光靠宁波各级党组织"千里走单骑"，而需要宁波各界"乘众智者胜"。必须结合贯彻新时代党的统一战线工作的重要思想、结合落实习近平总书记对宁波的重要讲话指示精神、结合宁波党史学习教育，把统一战线的功能讲清，把宁波统一战线升华积极因素、吸纳中间因素、转化消极因素的政治优势、组织优势、智力优势、资源优势讲透，推动宣讲速效在当下、恒效在长远、长效在未来。

二、从特色切入，把统一战线故事讲深

（一）讲深百年统战成就，激发做好统战使命感

从党的二大开启国民革命统一战线到新时代建设爱国统一战线，从 1939

年将统一战线列入"三大法宝"到 2021 年列入"十大经验"，统一战线历经绘制期、立制期、创制期、转制期、定制期的百年嬗变，凝聚起了革命力量、建设力量、改革力量。必须坚持正确党史观、立足统战史料，讲好统战百年光辉历程和辉煌成就，引导受众在感悟百党统战历史中增强使命感。

（二）讲深宁波统战故事，激励做强统战自豪感

一是讲好宁波有为赓续红色血脉的故事。"宁波是个英雄的城市"（毛泽东语），拥有 2652 名宁波籍烈士、上百处烈士纪念设施、年均 60 余万人次祭扫行动，这些都是见证。必须把宁波勇做"两个确立"忠诚拥护者、"两个维护"示范引领者，扛牢共同富裕先行区的责任担当、实施红色引力波工程、引领统一战线成员永远跟党走的统战之"干"讲好；把宁波建实平台、建优机制、建强队伍的统战之"创"讲好；把宁波广聚人脉、深聚智慧、汇聚资源的统战之"为"讲好。

二是讲好宁波有力拓展对外统战的故事。宁波籍华人华侨，是建设"一带一路"的坚定支持者、推动人类命运共同体繁荣的有力推动者、拓展民间外交的积极参与者、促进住在国政府与人民心心相通的重要实践者，也是维系祖国和家乡深厚感情的重要纽带，在现代化滨海大都市对外合作中发挥着重要作用。必须把宁波模范贯彻中央统战工作条例、支持企业组建"联合舰队"、向海外推介宁波发展模式、向国外输出商人商机商品、向世界宣传中国梦的故事讲好，把宁波推动城市间深度合作、让侨胞充分感受到统一战线机制优越性的故事讲好。

三是讲好宁波有效深化宁波帮统战的故事。宁波帮是近代中国十大商帮之一，650 多名海内外宁波帮人士先后向家乡捐资 20 多亿元建设公益事业。宁波大学、邵逸夫医院、遍及全国的"逸夫楼"展现了以邵逸夫为代表的宁波帮对祖国的奉献。超过 100 万人次的宁波帮博物馆参观率正是社会对宁波帮奉献家国的认同见证。解放宁波时，毛泽东号召宁波帮投身建设新中国，周恩来深交宁波帮包达三几十年。改革开放初，邓小平号召全世界的宁波帮建

设家乡。习近平总书记强调宁波帮是浙江的优势。必须把宁波人让宁波帮感受中国特色社会主义制度优越性的故事讲好，把宁波弘扬宁波帮文化、传承宁波帮精神、打造天下宁波帮的故事讲好，把宁波帮人士贯彻"一国两制"方针、维护国家安全的故事讲好。

四是讲好宁波有方深化对内统战的故事。宁波有民营经济106.4万户，占市场主体总量的96.4%，是建设现代化滨海大都市的活力之源和硬核力量。要把宁波深化民营经济统战创新、细化民营经济统战工作、固化民营经济统战机制的故事讲好，把宁波促进民营经济"两个健康"、建设民营经济统战"重要窗口"、推进"光彩事业"的故事讲好，激励宁波人做强统战的自豪感。

（三）讲深统战复杂形势，激活做实统战责任感

一是激活担起境内统战主体责任。经济社会结构从原子式走向量子式、从组织化走向离散化联结，使统战内部结构复杂多变；市场经济内生利益的资本逻辑，侵蚀共同愿景凝聚起的交往理性；多元化社会思潮交锋使统战"共意行动"面临巨大挑战。必须用有中国特色、中国风格、中国气派的统战话语把风险讲透，激活宁波受众的问题意识、责任意识。

二是激活扛起境外统战主体责任。近年来，以美国为代表的西方国家组建妖魔化中国统战多边联盟、掀起波浪化干涉中国统战行动、污名化中国统战，拒发所谓统战活动者个人签证，造成积极评价中国的西方人所占比例从2018年的53%下降为2020年的33%。必须自觉从"宁波视角"向"中国视角"再向"世界视角"切换、从"组织动员"向"话语动员"切换，讲好讲深西方毒辣手法的本质，引导受众守好和谐稳定的前沿阵地。

（四）讲深新时代统战要求，激起做优统战主动感

伴随统战组织智治导入、统战实践市场嵌入、统战动员科技植入，统战优势正遭遇社交网络身份交叉叠加、个人行动易受裹胁、政治动员力量减弱的去优势。为此，需要增强平台包容力，提升宁波整合本领；增进统战对象包

容力，动态吸纳宁波新兴群体参与治理；增强统战理念包容力，科学注入宁波"求同存异"新内容。把宁波应对的机制逻辑、发声的制度逻辑、保障的组织逻辑讲深，引导各主体在统战功能重塑上做示范。

三、从特需融入，把统一战线责任讲实

（一）以小叙事讲大哲理，促观念新飞跃

一是讲实"党的领导"的根本性。党的领导是统一战线最鲜明的特质和合法性源泉。人类社会因多样而精彩，多样性是人类社会的底色，也是统一战线的背景色。但多样性的前提是坚持党的领导的统一性，这是《决议》的第一条经验和政治底线。对改进统战的"多样性"可以兼容并蓄，但涉及大是大非的最紧要"多样化"必须针锋相对、响鼓重锤、讲深讲实。

二是讲实"两个确立"的灵魂性。党的十九届六中全会最核心的成果是"两个确立"，这是《决议》的灵魂。党的百年奋斗历程证明，党的领导核心和党的指导思想关乎党和国家的前途命运和事业的兴衰成败。必须把"两个确立"作为马克思主义建党理论的内在属性和根本要求、党总结历史经验的正确判断和必然结论、推进中华民族伟大复兴的现实需要和实践呼唤讲深，把宁波勇做"两个确立"忠诚拥护者、"两个维护"示范引领者的行动讲实，引导统战对象坚决拥护"两个确立"、做到"两个维护"。

（二）以小切口讲大智慧，促思维新突破

一百年来，实现一盘散沙到奋发团结的跨越，依赖统一战线大智慧。有效处理一致性和多样性关系，有赖统一战线大智慧。只有一致性，没有多样性，那是铁板一块，也没必要搞统一战线；只有多样性，没有一致性，缺少共同思想政治基础，也搞不成统一战线。和而不同、求同存异，正是统一战线大智慧的表征。要针对宁波五大领域、十二类统战对象各自特点，选准统战小切口点点导航、串点成线、以线带面、连面成体讲实大智慧，切忌大而化之、贪大求洋。

（三）以小语种讲大道理，促服务新优化

一是多用家常话，少用书面语。语必关情方入脑，话须通俗才传远。用家常话宣讲，才易与受众话语相投、心心相通。"鞋子合不合脚，自己穿了才知道""撸起袖子加油干""绿水青山就是金山银山"等家常话深入浅出、通俗易懂、直抵人心，让人备感亲切、温暖、清新。要少用报告式官话，多用大众化语言宣讲，让受众听得懂、弄得明、愿意听、记得住。

二是多用地方话，少用普通话。语必关风始动人，只有基于感受群众质朴、体会群众情感，讲好贴近群众的"民话"、耳熟能详的"土话"、符合实际的"白话"，方可讲到群众的"心窝子"、打开群众的"话匣子"、解开群众的"心结子"，打通联系服务群众的"最后一公里"。宣讲必须吃透上情、掌握下情、了解外情、搞好结合，讲好宁波话、唱好地方戏、做好统战事。

（四）以小协同讲大团结，促成效新增进

统一战线虽历经变迁，但大团结、大联合的主题始终没变。大团结之"大"，就是团结的面宜宽不宜窄、团结的人宜多不宜少、团结的程度宜深不宜浅。新时代统战对象量大面广，只有每个微统战协同发力，才能形成强大合力。要讲透宁波统战工作"为什么要干、谁来干、干什么、怎么干"的整体性、讲深宁波齐抓共管统战的协同性、讲实宁波大统战的系统性，引导宁波统战主体防控"看客"作派、"躺平"作派、"演员"作派，用路线图、时间表、任务书诠释对党的忠诚、对人民的赤诚、对团结的真诚。

浙江万里学院　　陈金波

宁波幼儿师范高等专科学校　　王夫娟

推动北仑区域内各功能区联动发展

打造改革开放新高地

2021 年 9 月 2 日，宁波市委明确了北仑区域新的管理体制，决定六个功能区合署办公，精简机构，提高效能，从根本上解决协调成本较高、决策效率不高等难题，为北仑区域内功能区联动发展提供了有力保障。要乘区域体制调整的东风，推动北仑区、浙江自贸试验区宁波片区、海关特殊监管区联动发展，做强实力做大增量、重塑核心功能、打造"节点 + 廊道"网络结构、发挥港口硬核力量。加快打造区域融合、开放引领、协调并进的一体化格局，加快形成产业与创新联动、企业与平台联动、制度优势相互促进的梯度联动格局，加快探索优化多种联动模式，助推区域辐射带动能力明显提升。要充分叠加功能优势和政策优势，对标上海浦东，借鉴全域自贸模式，实现北仑区域超常规发展，在全市、全省、长三角和全国发挥出更强的引领带动作用。

9月2日，宁波市委明确了北仑区内六功能区管委会合署办公，精简机构，提高规格，统一管理主体，为联动发展奠定了坚实基础。浙江自贸试验区宁波片区和宁波保税区、北仑港综合保税区、梅山综合保税区等海关特殊监管区都在北仑区范围内，空间位置紧密嵌套，产业高度融合，各自功能政策优势明显，存在错位和高差，在开放功能上也表现出高度融合、不断递进深化的关系（见表1）。北仑区是宁波改革开放的起航地，联动发展已积累了一定的成功经验。在浙江自贸试验区宁波片区获批成立后，2021年前三季度，北仑区地区生产总值1674.6亿元，同比增长8.5%，占全市生产总值的16.2%，浙江自贸试验区宁波片区的税收比舟山片区、杭州片区、金义片区税收总和还高出36.4亿元，进出口总额居四大片区首位，占浙江自贸试验区进出口总额的36.5%。

一、联动发展的总体思路

联动发展要紧扣各区域功能特色和核心竞争力，积极探索相应的制度创新和突破，构建起全方位、多层次、综合立体协同发展新格局。

（一）做强实力做大增量，推动区域超常规发展

对标浦东新区和上海临港新片区，发挥区域产业联动、功能叠加、政策叠加的优势，迅速提升经济实力和科技创新能力，总量争取全市第一、全省

第一，在全市、长三角和全国发展中发挥引领带动作用。

（二）重塑核心功能，创新驱动优化产业布局

联动发展以提升科技创新能力为重点，推进产业优化升级，重塑区域功能和提升产业核心竞争力。以科创平台和产业转型升级平台的打造集聚企业、人才等要素资源，实现产业要素和创新要素布局的最优化。

（三）优化"节点＋廊道"网络结构，提升联动发展效率

联动发展要借助高效通达的产业网络、科技创新网络、金融服务网络、信息通信网络、人才流动网络等，建立"节点＋廊道"的网络结构，优化网络环境，使网络内各主体间拥有实质性联系互动，提高联动的频度和力度。

（四）发挥港口硬核力量，以点带面着力强化资源配置功能

以重点领域、重点项目、重点企业、重点园区为具体推进载体，带动全域一体发展。着眼于全面发挥港口优势，强化大宗商品资源配置功能，同时着眼于经济和消费转型升级，统筹建立药品、食品和保健品进出口平台。

二、联动发展的推进目标

（一）加快打造开放引领、区域融合、协调并进的一体化格局

浙江自贸试验区宁波片区要发挥功能优势，在优化调整存量结构的基础上，通过制度创新和科技赋能，加快引进龙头企业和功能性大项目，实施数字化转型战略，推动航运、贸易、科技、金融、服务业的转型升级，提升发展质量和效率，成为全市乃至全省对外开放龙头。宁波海关特殊监管区要积极对标上海洋山特殊综保区、海南洋浦保税港区的最高水平开放政策，重点任务是做大做新增量功能，大力推进开放新经济新体系建设，着力培育海外仓、离岸贸易、全球保税维修检测等外贸新业态，促进外贸创新发展；同时，

围绕新经济业态、新发展模式积极探索相应的制度创新，率先实现与国际高标准自由贸易园区政策制度的对接，成为开放功能的最前沿和制度创新的最高地，在对外开放和制度创新中始终走在前列。北仑区是支撑和推动宁波建设双循环枢纽城市的核心区，要依托成熟的产业体系配套、城市功能、创新平台等，承接自贸区和海关特殊监管区辐射溢出效应，既发挥腹地支撑和推进作用，又发挥示范引领作用。

（二）加快形成产业与创新联动、企业与平台联动、制度优势相互促进的梯度联动格局

一是围绕核心功能，错位布局产业要素和创新要素，构建互补互促关系。围绕浙江自贸试验区宁波片区政策制度创新功能，集中布局以产业化、市场化为导向的新型研发平台和应用场景、技术转移平台；围绕北仑区的应用性、集成性研发，提升产业培育和技术转化功能，布局技术应用转化平台、生产基地；围绕海关特殊监管区保税功能优势，集聚保税研发设计、保税检测维修等机构和功能平台，服务于周边区域高端制造业。

二是企业和平台机构错位布局实现联动。将聚焦国内市场的外资跨国公司布局在北仑区，将有实力"走出去"或有跨境业务需求的企业布局在浙江自贸试验区宁波片区；将研发类机构、服务外包类机构布局在海关特殊监管区。

三是围绕各自核心功能和发展目标探索制度创新。北仑区围绕传统金融、贸易功能升级转型，创新与浙江自贸试验区宁波片区、海关特殊监管区的制度对接；浙江自贸试验区宁波片区和海关特殊监管区则围绕跨境功能、离岸功能、国际合作研发等新型功能破解制度瓶颈。

（三）加快探索多种联动模式，助推区域辐射带动能力明显提升

北仑区和海关特殊监管区目前形成了三类联动发展模式（见表2），要总结经验，创新多样化的联动模式。

一是深化产业链联动，积极拓展创新链联动、供应链联动、服务链联动。

依托科技园区和科创企业，探索形成在园区和企业孵化、在自贸片区和海关特殊监管区进行中试和场景应用、在北仑区规模化生产的协作格局。探索总部在北仑中心城区、跨境业务中心在自贸片区和海关特殊监管区的金融服务格局。

二是深化制度创新联动。依托浙江自贸试验区宁波片区的跨境资本"资金池"和海关特殊监管区的保税研发政策，鼓励北仑区大型制造业把研究中心放在保税区内，通过"区内注册、区外经营"方式，实现相关金融机构、科技研发活动的区内区外联动。

三是深化重点功能区块联动。推动临港经济示范区、高精密装备产业区块、灵峰现代产业园区块、"万亩千亿"新产业平台等特色园区的联动；推动宁波保税区、北仑港综合保税区、梅山保税港区、临空经济示范区联动。

此外，还要探索平台联动。共建共享联动推进平台、专业服务平台等，包括各类项目信息共享平台、联合推进平台、金融服务平台、要素交易平台、新型研发平台等。

三、推动联动发展的对策建议

聚焦各自定位，以建设开放型经济体系和提升创新能力为目标，共建网络、共畅通道、共搭平台、共建机制，提升联动效率和水平（见表3）。通过深度联动发展，培育一批高能级开放型经济发展新平台（见表4），集聚吸引世界一流贸易企业（见表5），形成一批具有国际竞争力的产业链集群，培育形成集聚和配置全球要素资源的核心功能，将整个北仑区域打造成为联通国内国际双循环的重要枢纽，辐射带动鄞州、象山港南岸以及六横等区域，打造长三角对外开放高地，全面提升宁波对外开放发展新优势，实现超常规发展。

（一）推进基础设施网络建设，为联动发展提供有力支撑

坚持优化提升、适度超前的原则，做好北仑区域国土空间的统筹布局、功能调整，推进实施基础设施工程网络建设，打造布局完善、立体互联、高效便捷、管理协同的基础网络架构。

一是加快基础交通网络建设。全力聚焦打通交通"大动脉"，高水平建成北仑西站，加快推进甬舟铁路，积极规划建设北仑支线复线及梅山铁路支线，实现宁波舟山港主要港区与铁路无缝对接的全覆盖；加快推进杭甬高速复线北仑段、宁波南环高架至北仑至梅山段快速路延伸段建设，构建"三横三纵"疏港高速公路网络，持续优化中心城区街区路网结构，提升区域交通枢纽辐射水平。

二是提升数字基础设施能级。以数字化转型为引领，浙江自贸试验区宁波片区重点做好电子围网、监管信息系统和国际贸易大数据平台建设，为综保区政策在自贸区顺利落地创造基础条件。加快推动新一代移动通信网络深度覆盖，实现北仑区与大榭片区、梅山片区、综保片区 5G 网络连续覆盖；部署大榭片区、梅山片区、综保片区智能视频专网，建设全域感知的物联网专网；建设自贸区神经元系统，实现区域内要素全面 AIoT（人工智能物联网），增强智能感知力和自动数据采集能力，提升数字监管水平、数字园区建设水平、数字经济发展水平，打造最先进、最智能的数字自贸区。

三是加快实现信息互联互通。联合推进"数字北仑""数字自贸区""数字保税区"建设，建设覆盖全区的一体化信息基础设施、链接全区的一体化信息管理服务平台，通过数据信息和操作标准的统一，实现政务信息网、企业信息网、科研大数据、城市公共服务网的高效互通。积极争取和探索浙江自贸试验区宁波片区在跨境数据流动方面的特殊政策，在保障数据安全的前提下促进跨境数据便利化流通，逐步建立对企业数据跨境流通的分级分类和登记备案机制，并面向部分重点企业开展试点，推进跨境数据信息共享共用。

（二）搭建新型功能性平台，强化联动发展的枢纽配置能力

积极探索平台联动模式，充分实现功能性平台的信息联通和枢纽调配作

用，重点建设四类平台。

一是协同管理平台。包括政府公共服务管理平台、联合招商和产业项目联合推进平台，规划新建自贸区云数据中心，将港口运营数据中心、智能物流中心、跨境贸易数据中心、智能监管中心、产业数据中心等平台数据统一到自贸区云数据中心，实现各中心数据互联互通。

二是专业化服务平台。包括制造业联合创新中心、企业公共技术服务平台、科技信息共享和共性技术联合研发平台、新型商贸平台、跨境金融服务平台、国际高端人力资源服务平台等，运用大数据管理理念，动态汇集企业全生命周期、全流程闭环、内外部所有信息数据，实现协同服务、智慧监管。

三是一体化开发平台。实施政府和企业相结合的平台开发模式，探索设立一体化开发平台，协同三区的基础设施建设、招商引资、企业服务、政策扶持落地以及重大产业项目和公共服务平台布局；突出支持各区域主导产业发展，给予绿色石化、油气能源、国际贸易、航运物流、集成电路、智能制造等重点产业发展有弹性、可协调的创新性政策制度，形成三区优势互补、资源共享、政策互通、布局统筹的协同格局。

四是重点区域和产业园区。包括保税区和综保区的联动，自贸片内各功能区块如保税区、大榭开发区、梅山综保区与北仑中心城区的制度开放全面拓展；争取海关特殊监管区优先复制推广，实现北仑各产业园区与自贸片区、海关特殊监管区的协同。

（三）推进政策优势叠加，优化联动发展的制度环境

一是发挥海关特殊监管区和自贸片区制度与政策创新叠加优势。主动顺应全球投资贸易新规则，加大开放型经济风险压力测试，探索一批更高水平的贸易自由化、便利化政策制度，加快各项制度和政策系统集成，从要素开放转向推广自贸区最新制度创新成果。推动自贸片区"五大自由、一个便利"向海关特殊监管区推广和覆盖（见表6）。

二是争取浙江自贸试验区宁波片区拓展适用海关特殊监管区政策。推动

海关特殊监管区引领自贸区开放发展，将海关特殊监管区政策拓展到自贸区，面向自贸区内、海关特殊监管区外重点企业，探索实施"一企一策"制度，支持和促进重点产业、重点企业高质量发展（见表7）。

三是积极探索自贸区主分区模式，形成北仑"全域自贸"发展格局。借鉴上海自贸区经验，争取推动浙江自贸试验区宁波片区"政策从优、自动适用"向北仑全域推广、覆盖。推动海关特殊监管区率先开展主分区模式创新，将保税功能政策拓展到区外重点企业，提高特殊监管区政策资源的空间配置效率。坚持科技创新和制度创新双轮驱动，建设战略性、功能性的保税研发产业创新平台，用好用足全产业链保税政策，服务创新型经济发展。发挥海关特殊监管区政策优势，鼓励区外制造企业在区内设立创新研发中心、重点实验室以及销售结算中心等，与区外制造部门联动发展；发挥海关特殊监管区政策溢出效应，推动贸易与产业深度融合，支持区外重点产业、重点企业有条件地享受区内政策，加强区内区外联动，进一步提升北仑区域贸易自由化、便利化水平。

表1　北仑区、海关特殊监管区和浙江自贸试验区宁波片区现状功能优势

区　域	区域属性	优　势	具体表现
北仑区	行政区域+功能性区域	改革开放先发优势、资源禀赋优势、发展基础综合优势	港口资源丰富，拥有四大深水良港和甬江港区内河港；产业基础扎实，产业体系完备，产业链配套能力强，能源、石化、钢铁类临港产业和汽车汽配、模具塑机、纺织服装、文具等特色产业集中布局区域，高端装备、集成电路等新兴产业蓬勃发展，是全国工业百强区；制度创新高地，是"一带一路"建设支点核心区，拥有多个国家级功能平台
海关特殊监管区	功能性区域	引进外资和先进技术、促进外贸创新发展、培育外贸新业态、开展制度创新和压力测试	外向型产业基础雄厚，跨境电商、数字贸易等新型国际贸易有先发优势，港航物流发展迅速；科技创新基础扎实，高新技术企业较多；开发开放时间长，对外开放度高，营商环境优越，拥有较为丰富的建设经验和深厚的品牌积累

续表

区　域	区域属性	优　势	具体表现
浙江自贸试验区宁波片区	功能性区域	经济功能优势、制度创新优势、辐射引领优势	经济功能高地，拥有保税区、大榭、梅山、北仑等核心区及联动区、辐射区等协同发展区； 制度创新高地，赋予投资、贸易、金融、航运、人员等领域更高的便利化与自由化政策； 较充足的可开发空间，自贸区政策为土地利用方式创新提供保障，可积极试验弹性用地、复合用地等政策

表 2　北仑区与海关特殊监管区联动发展的主要模式

模　式	内　涵	典型案例
产业链联动	以市场机制为主导，以优势产业和龙头企业为联动主体，通过全产业链，实现区内区外的水平分工和垂直分工	北仑港综保区群创光电公司（原奇美电子）项目落户，带动了液晶光电产业链发展，吸引了国内众多配套商在其周边（主要是保税区和北仑区）布局
制度创新联动	依托自贸试验区的服务业开放、投资便利化政策等，以"前店后仓"方式推动区内区外联动	宁波进口商品中心的"前店后库"模式，利用海关特殊监管区内保税、进出通关便利等功能，将仓储放在区内，将展示交易功能放在北仑区及市区范围内； 注册在保税区的跨境电商企业依托监管模式创新，将其O2O体验店、线下自提店、直播基地放在区外
重点功能区块联动	以"区内注册、区外经营"方式、以功能区块为载体，实现不同区块之间的联动	保税区、梅山综保区的大量贸易、金融、航运等相关企业在区内注册，实际运营则在北仑区和市区

表 3　海关特殊监管区、浙江自贸试验区宁波片区和北仑区在联动发展中的功能错位策略

	海关特殊监管区	浙江自贸试验区宁波片区	北仑区
定位	对接国际经贸规则最前沿、贸易航运物流要素集聚高地和具有示范意义的国际投资、贸易、服务自由化与便利化的最佳实践区	国际航运和物流枢纽、国际油气资源配置中心、国际供应链创新中心、全球新材料科创中心、智能制造高质量发展示范区	综合性经济功能高地、区域经济高质量发展先行示范区
联动发展中的功能	引领宁波高水平开放高质量发展的核心功能平台； 做大做新贸易、航运、物流、科技研发等核心功能	宁波双循环枢纽城市的关键节点； 做实做强战略性新兴产业，建设开放型经济体系	联通国内国际双循环的重要枢纽； 连接宁波与长三角区域以及全国的平台和跳板

	海关特殊监管区	浙江自贸试验区宁波片区	北仑区
产业方向	国际航运物流、跨境供应链、大宗商品等优势产业； 保税研发、保税制造、保税检测维修、绿色高端再制造等新业态； 数字贸易、离岸贸易、转口贸易、服务外包等新型服务	跨境金融服务、现代航运服务、数字信息服务、科技创新服务等产业战略性新兴产业前沿领域（高端装备制造、新材料新能源、人工智能、生物医药、绿色石化和油气全产业链）	综合性金融业务； 完备的科技服务体系； 战略性新兴产业（新一代信息技术、生物医药、装备制造、集成电路、汽车等）
企业/机构类型	基础类研究平台、专业性功能服务平台； 企业研发中心、数据计算中心； 面向国际市场，有国际业务和需求的贸易投资类企业	总部、运营中心； 能源贸易总部企业及制造、操作环节的企业； 有国际市场业务和国际服务需求的制造服务类企业	专业服务机构、公共技术平台、企业公共服务平台； 连接长三角网络的平台； 研发转化平台、中试和场景类机构； 面向国内和长三角市场的制造业企业
发展策略	发展数字经济、港航物流、跨境金融、离岸贸易和转口贸易、国际创新协同等新产业、新业态、新模式； 集聚一批总部型和功能型平台，推动总部经济、服务经济、创新经济、流量经济发展，以扩大开放实现创新发展，重点是高端服务功能	实施"互联网＋"战略，通过"互联网＋制造业""互联网＋物流""互联网＋贸易""互联网＋金融""互联网＋科技"等实现跨越式发展； 探索培育服务贸易开放制度增长极，带动贸易发展模式转型，以制度创新驱动功能突破	促进经济转型，提升区域整体实力，进一步强化先进、完备的产业功能、创新功能、城市功能、文化生态功能等，既发挥腹地支撑作用，又发挥示范引领作用

表4 北仑区在建高能级开放型经济发展平台

高能级开放型经济发展平台	平台功能
石化供应链服务平台	六六云链科技（宁波）有限公司完成设立，是国内首个能够集成液体化工品车、船、库的供应链服务平台，国内唯一实现储运一体化的能源化工数字供应链。通过车辆预约排队、车船运单可视化、智能找船、船舶智能靠泊、船加油数字营销、数字提单、数字仓单、智慧化工园等产品，服务能源化工生产销售的头部企业
国际大宗能源石化贸易数字化服务平台	中化集团、中国石油、中国银行、麦格理集团、沙特阿美等国内外龙头，合资组建亚太能源石化区块链联合体，加强数字化的市场体系建设，吸引能源石化交易要素及生态企业集聚，打造大宗能源石化数字贸易中心
全球重要的液化石油气（LPG）交易平台	与马森集团就国际能源贸易总部落户达成合作意向，将重点开展LPG在岸和离岸贸易业务，建设国内首家LPG物联网平台

续表

高能级开放型经济发展平台	平台功能
宁波大宗林产品国际交易中心暨中国林产品交易中心（所）项目	依托中国林产品交易中心（所）项目筹备平台公司，加快启动中国林交所主体工程，建设市场综合体，形成实物交易市场，招商引入林业上下游相关企业，引进或自建林产品物流平台公司，为林产品交易提供物流、金融、保险等保障。定位为：主要林产品交易（进出口贸易）中心、林产品价格形成中心、产业信息中心、林业科技交流会展中心、交割中心、质量标准监管以及品牌建设中心
跨境贸易投资高水平开放试点	落地全国首批跨境贸易投资高水平开放试点。国家外汇管理局发文在宁波北仑、海南洋浦、上海临港和广州南沙 4 个区开展首批跨境贸易投资高水平开放试点，该试点包含了 13 项高水平开放政策
金融科技（区块链）产业园	宁波诺丁汉大学在产业园成立区块链实验室，电子科技大学宁波校友会建浙江平易数字经济产业园，开展区块链技术研究与应用，将进一步联合浙江大学争创区块链国家重点实验室
新材料产业南大光电光刻胶项目	前瞻布局智能复合材料，开发集成电路制造用的各种先进光刻胶材料以及高纯配套材料，项目建成后将实现高端光刻胶的进口替代，填补国内空白
中冶南方长三角总部项目	中冶南方拟在北仑设立长三角总部经济大楼，以港口后服务业和海洋经济为主要突破口，发挥其管理、技术、人才等方面的行业领先优势，引入高端人才和博士工作站、钢铁贸易平台等，通过与北仑开展深度合作，打造国家级信息及自动化产业群和长三角区域发展的重要基地

表5　2020 年全球十大贸易公司

单位：亿美元

公司名称	国籍	营业范围	主营收入 / 亿美元	世界排名
托克集团	新加坡	有色金属贸易和物流	1714.7	1
三菱商事	日本	贸易和实业投资	1359.4	2
日本伊藤忠	日本	纺织、机械、石油	1005.2	3
中国中化	中国	能源、化工、农业	803.8	4
中粮集团	中国	粮油、食品	721.5	5
三井物产	日本	钢铁、纺织、机械、化工	633.3	6
丸红	日本	进出口贸易	678.0	7
丰田通商	日本	汽车能源化学品、食品	615.7	8
物产中大	中国	智慧物流	519.5	9
厦门建发	中国	浆纸、钢铁	491.7	10

表6　海关特殊监管区率先突破的重点政策

序号	重点政策
1	对标高标准国际经贸投资规则，在海关特殊监管区内优先探索货物贸易"零关税、零壁垒、零补贴"规则
2	探索境外货物入区"负面清单"管理模式
3	推动"本外币一体化账户试点"等金融创新政策、跨境融资租赁等新型金融业务
4	跨境服务贸易等服务业扩大开放试点政策在海关特殊监管区率先突破
5	建设新型离岸国际贸易创新实践区，推动建设石油、天然气等大宗商品离岸交易和服务平台，布局交割仓库、物流网络及交易经纪业务，建立离岸大宗商品供应链体系；积极探索国际技术贸易、跨境数据流动、国际人才流动便利化与自由化政策

表7　浙江省自贸试验区宁波片区拓展适用海关特殊监管区政策的重点政策

序号	重点政策
1	拓展保税研发政策，借鉴上海洋山特殊综保区经验，允许设立在浙江自贸试验区宁波片区规划范围内海关特殊监管区外经认定的重点行业的重点企业，依申请享受电子监管、创新检验检疫方式、简化海关手（账）册管理、试行企业集团化保税监管等海关特殊监管政策
2	拓展保税维修政策，将限于海关特殊监管区内的保税维修政策拓展到浙江自贸试验区宁波片区企业，以"保税维修电子账册"为监管依托，打造特殊监管区外"账册＋维修"全新管理模式
3	拓展保税展示交易政策，积极争取政策支持，创新关税担保方式，推动浙江自贸试验区宁波片区企业在自贸区内海关特殊监管区外开展保税展示交易业务，两区共建一批以大宗商品交易、跨境电商、高端消费品等为主的功能性、专业化贸易平台，建设进口肉类水果、生物医药、生鲜冷链、汽车零部件等物流分拨中心，形成集商品进口、保税仓储、分拨配送、展示销售、零售推广及售后服务等于一体的贸易服务链，打造联动长三角、服务全国的进出口商品集散地
4	实质推动区港联动，按照"前港后区、区港一体"思路，推动宁波保税区保税功能向港口延伸，推动铁矿砂等大宗商品无须入区，在港口作业区直接开展保税仓储、混兑调和等业务，同时在港区之间布局保税仓储物流设施，推动口岸功能延伸至宁波保税区，发展国际转口（离岸）贸易、出口加工、中转集拼、国际快件服务等增值服务

浙大宁波理工学院　徐家玲

宁波市社科院（市社科联）　谢瑜宇

宁波保税区发展研究中心　李　宇